EMMIS 2

HOCKEYÄVENTYR
MED TRÄNINGSGUIDER

Jukka Aro

© 2024 Jukka Aro
Förlag: BoD · Books on Demand, Stockholm, Sverige
Tryck: Libri Plureos GmbH, Hamburg, Tyskland
ISBN: 978-91-7969-889-8

Innehåll

Sammanfattning av "Emmis hockeyäventyr och träningstips 1"

I den första boken fick vi följa Emmi på hennes spännande resa in i hockeyns värld. Hon mötte utmaningar på isen, från att lära sig grundläggande skridskotekniker till att hantera tuffa matcher. Med hjälp av sina vänner och tränares stöd lärde sig Emmi vikten av träning, samarbete och att aldrig ge upp, även när det blev svårt. Genom roliga övningar och praktiska träningstips förbättrade Emmi sina färdigheter, samtidigt som hon upptäckte glädjen i sporten och hur den kan stärka både kroppen och självförtroendet. Tillsammans med sitt lag kämpade Emmi hårt, och deras ihärdighet betalade sig när de till slut vann den avslutande turneringen – en seger som firades med glädje och stolthet.

Kapitel 1: Efter Turneringen

Emmi klev av bussen med ett stort leende på läpparna. Hon var fortfarande uppfylld av euforin från den sista matchen i turneringen. Det hade varit en lång och utmanande resa, men nu stod hon här, hemma igen, med medaljen hängande runt halsen. Hemma i staden hade nyheten om lagets seger spridit sig snabbt, och ett stort antal människor hade samlats vid ishallen för att välkomna laget.

Hennes bästa vän Sofie var där, som hade fått åka hem tidigare från turneringen på grund av sjukdom. Hon viftade med en skylt som det stod "Välkommen hem, mästare!" på. Emmis föräldrar stod bredvid med stolt blick och applåderade högt. Emmi kände en våg av värme skölja över sig när hon såg sina föräldrars leenden. De hade alltid stöttat henne i hockeyn, och det betydde allt för henne att se hur glada de var.

"Grattis, Emmi!" ropade Sofie och gav henne en stor kram. "Jag visste att vi skulle vinna!"

Emmi skrattade och kände hur kinderna rodnade. "Tack, Sofie. Det var verkligen en tuff match, men vi gjorde det!"

Medan hon pratade med sina vänner och familj började hon känna av den ökade uppmärksamheten. Fler människor kom fram för att gratulera henne, och hon hörde folk viska om henne när hon gick förbi.

"Det där är Emmi, du vet, hon som gjorde det avgörande målet i finalen," hörde hon en pojke säga till sin vän.

Efter en stund började Emmi känna en tyngd över bröstet. Hon älskade att spela hockey, men nu kändes det plötsligt som om alla förväntade sig att hon alltid skulle vara bäst. Vad händer om hon inte kunde leva upp till de förväntningarna?

På vägen hem i bilen satt Emmi tyst och tittade ut genom fönstret. Hennes pappa märkte att hon var tystare än vanligt och frågade försiktigt, "Är allt okej, Emmi? Du verkar lite nere."

Emmi suckade lätt. "Jo, det är bara... alla förväntar sig att jag ska vara så bra hela tiden nu. Vad händer om jag gör ett misstag eller inte spelar lika bra nästa gång?"

Hennes mamma vände sig om från framsätet och gav henne ett uppmuntrande leende. "Älskling, du ska inte tänka så. Du spelade fantastiskt i turneringen, men kom ihåg att det viktigaste är att du har roligt och gör ditt bästa. Ingen är perfekt hela tiden."

Emmi nickade, men hon kände fortfarande en klump i magen. När hon kom hem till sitt rum, tog hon av sig hockeytröjan och hängde upp den på väggen. Hon stirrade på medaljen som hängde runt spegeln och undrade vad framtiden hade i beredskap för henne.

På kvällen, när hon låg i sängen, kunde hon inte sluta tänka på alla de förväntningar som nu vilade på hennes axlar. Hon ville så gärna göra alla stolta, men hur skulle hon hantera den här nya pressen? Emmi bestämde sig för att hon behövde prata med någon som förstod vad hon gick igenom.

Nästa dag på träningen såg Emmi sin tränare, Tomas, som alltid hade varit ett stort stöd för henne. Efter träningen gick hon fram till honom.

"Tomas, kan jag prata med dig en stund?" frågade Emmi försiktigt.

"Så klart, Emmi. Vad har du på hjärtat?" svarade Tomas och log vänligt.

Emmi förklarade sina känslor och rädslor för Tomas. Hon berättade om hur det kändes att ha så många förväntningar på sig och hur hon var rädd för att göra folk besvikna.

Tomas lyssnade tålmodigt och sa sedan, "Emmi, det är helt naturligt att känna så här efter en stor framgång. Men kom ihåg att hockey är ett lagspel. Det är inte bara upp till dig att vinna matcher. Och även om du gör ett misstag eller har en dålig dag, så har du dina lagkamrater där för att stötta dig. Fokus ska alltid vara på att ha kul och lära sig."

Emmi kände sig lättad över Tomas ord. Hon insåg att hon inte behövde bära allt själv. Hon hade sitt lag, sin familj och sina vänner som alltid skulle stötta henne, oavsett vad som hände.

När hon gick hem den dagen kände Emmi sig lite lättare. Hon visste att det skulle ta tid att vänja sig vid den här nya situationen, men hon var redo att ta sig an utmaningen. Med ett leende på läpparna lovade hon sig själv att aldrig glömma varför hon älskade hockey från början – för glädjen, gemenskapen och kärleken till spelet.

Guide 1: Träna hemma på mental styrka och hantera press

Att bygga upp mental styrka är lika viktigt som fysisk träning för en hockeyspelare. Mental träning hjälper dig att hantera press, behålla fokus och prestera på topp, även i tuffa situationer.

1. Mindfulness och närvaro

Mindfulness handlar om att vara helt närvarande i nuet, utan att döma dina tankar eller känslor. Det kan hjälpa dig att minska stress, hantera nervositet och öka ditt fokus under matcher. Genom att träna mindfulness lär du dig att hantera distraherande tankar och hålla dig fokuserad på det som är viktigt.

- **Hur du gör:**

  - Ta några minuter varje dag för att fokusera på dina sinnen. Lägg märke till ljuden omkring dig, hur kroppen känns och vad du ser.

  - Om du märker att dina tankar börjar vandra, notera det och återför ditt fokus till nuet.

  - Under matcher kan du använda denna teknik för att fokusera på varje byte, ett byte i taget, och släppa missade chanser eller misstag snabbt.

2. Positiv självtalk

Hur du pratar med dig själv har stor påverkan på hur du presterar. Att öva på positivt självtalk kan hjälpa dig att hantera nervositet och öka ditt självförtroende i pressade situationer.

- **Hur du gör:**

  o Skriv ner några positiva affirmationer (stärkande positiva saker), som du kan använda innan eller under matcher. Exempel: "Jag har tränat hårt och är redo för den här utmaningen", "Jag kan hantera press", "Jag är en viktig del av laget."

  o Öva på att säga dessa affirmationer (positiva stärkande meningar) högt för dig själv varje dag. När du känner att nervositeten kryper på, upprepa dessa fraser för att påminna dig om din styrka.

Genom att följa dessa steg kan du träna din mentala styrka på samma sätt som du tränar dina fysiska färdigheter. Det kräver tålamod och disciplin, men genom att bygga upp din mentala uthållighet kommer du att känna dig mer förberedd och trygg, oavsett vilka utmaningar som väntar på isen.

Kapitel 2: Egen Träning och Förberedelser

Efter den spännande och lärorika cupen hade Emmi svårt att släppa tankarna på allt som hänt. Hon kunde fortfarande känna adrenalinet när hon tänkte tillbaka på avgörande ögonblick under matcherna – målen, räddningarna, och framför allt, känslan av att stå där på isen med sitt lag och kämpa för varje puck.

Men nu var cupen över, och lagträningen hade ännu inte börjat. Emmi visste att hon inte kunde vila sig i form, det fungerade inte.

Om hon ville fortsätta att utvecklas och vara redo för säsongen som väntade, behövde hon träna även när laget inte var samlat. Hon bestämde sig för att göra allt hon kunde för att förbättra sina färdigheter på egen hand.

Emmi började med att träna skott på uppfarten till huset. Hennes pappa hade byggt ett enkelt mål av trä, och hon använde det varje dag för att öva på olika typer av skott. Oftast tog hon fram en skottplatta, för att få samma känsla som på isen, och andra gånger använde hon plastpuckar för att öka precisionen. Hon ställde upp koner som mål och försökte träffa specifika punkter i målet för att förbättra sin noggrannhet.

Varje morgon gick Emmi ut på uppfarten, med klubban i handen och ett bestämt uttryck i ansiktet. Hon visste att varje skott, varje rörelse, var ett steg närmare att bli den spelare hon ville vara. Hon fokuserade på att förbättra sina handledsskott, slagskott och dragskott, och tänkte tillbaka på vad tränaren hade sagt under cupen – "Det är de små detaljerna som gör skillnaden."

Emmi ville också hålla sin skridskoteknik i form, så hon övade på balans och smidighet på en liten bana med inlines, som hon och hennes pappa hade gjort på gårdsplanen. De hade satt upp en serie av koner och hinder, och Emmi åkte igenom banan så snabbt hon kunde, samtidigt som hon fokuserade på att hålla balansen och göra snabba vändningar. Trots att hon inte var på isen, kände hon hur hennes rörelser blev snabbare och mer kontrollerade för varje gång hon körde banan.

Emmi visste också hur viktigt det var att vara i god fysisk form. Tomas, lagets tränare, hade alltid betonat vikten av att vara stark och ha bra kondition, och Emmi ville vara säker på att hon var förberedd när lagets träningsläger skulle börja.

Hon satte ihop ett enkelt men effektivt träningsprogram med hjälp av sin pappa. Varje dag gjorde hon styrkeövningar som armhävningar, sit-ups och knäböj för att bygga muskler och uthållighet. Hon använde också gummiband för att träna sin explosivitet och snabbhet i rörelserna.

Varannan dag gick Emmi ut och sprang en runda i skogen bakom huset. Terrängen var ojämn och gav henne en bra konditionsträning samtidigt som det utmanade hennes uthållighet. När hon sprang, föreställde hon sig att hon jagade puckar på isen, eller kämpade för att hinna ikapp en motståndare under en match.

Men det var inte bara den fysiska träningen som Emmi fokuserade på. Hon visste att det mentala spelet var lika viktigt. Hon hade upplevt hur nervositeten och pressen kunde påverka hennes prestationer under cupen, och hon ville vara förberedd på alla eventualiteter inför säsongen.

Varje kväll, innan hon gick och lade sig, tog Emmi några minuter för att visualisera sina mål. Hon såg sig själv göra avgörande mål, rädda sitt lag genom hårt försvarsspel och lyfta pokaler tillsammans med sina lagkamrater. Dessa mentala bilder gav henne både motivation och en känsla av kontroll över sitt spel.

Dagarna flöt på, och snart skulle lagträningen dra igång igen. Tomas hade skickat ut ett meddelande om att de skulle börja med ett intensivt träningsläger, där fokus skulle ligga på fysik och lagbygge. Emmi var både nervös och exalterad inför vad som väntade, men hon kände sig redo. Hennes egen träning hade gett henne både styrka och självförtroende.

När dagen för träningslägret närmade sig, packade Emmi sina träningskläder och utrustning med omsorg. Hon visste att detta läger skulle sätta grunden för hela säsongen, och hon var fast besluten att ge sitt bästa. Träningslägret skulle bli en ny utmaning, men en som Emmi såg fram emot med stor entusiasm.

Guide 2: Träna styrka och kondition hemma

Som hockeyspelare är det viktigt att ha både styrka och uthållighet för att prestera på isen. Genom att fokusera på styrketräning och kondition hemma kan du förbättra din explosivitet, snabbhet och uthållighet, vilket hjälper dig att hålla hög nivå genom hela matchen.

Exempel på ett träningsschema för en vecka:

Måndag:

- Benstyrka: Knäböj, utfall, hoppknäböj (10-15 repetitioner och 3 set av varje)
- Kondition: Intervallträning (10 sprintar ca 15 sekunder)

Tisdag:

- Överkropp och bål: Armhävningar, plankan, rygglyft (30-60 sekunder och 3 set av varje)
- Flexibilitet: Stretching

Onsdag:

- Aktiv vila: Lätt jogging eller cykling (30 minuter)
- Mental träning: Visualisering eller mindfulness (10 minuter)

Torsdag:

- Benstyrka och explosivitet: Knäböj, utfall, step-ups (10-15 repetitioner och 3 set av varje)

- Kondition: Intervallträning (8 sprintar på 15 sekunder)

Fredag:

- Överkropp och bål: Armhävningar, plankan, rygglyft (10-15 repetitioner och 3 set av varje)

- Flexibilitet: Stretching

Lördag:

- Aktiv vila: Promenad, cykling eller lätt jogging (30–45 minuter)

- Mental träning: Reflektion och målsättning (10 minuter)

Söndag:

- Vila och återhämtning: Fokusera på stretching och vila kroppen för att förbereda dig för nästa veckas träning.

Genom att följa detta schema och träna både styrka, kondition och flexibilitet hemma, kommer du att bygga en stark och uthållig kropp som kan hantera hockeyns krav. Kom ihåg att progression är nyckeln – börja i en takt som känns rätt för dig och öka gradvis intensiteten och mängden repetitioner när du känner dig starkare och mer uthållig.

Kapitel 3: Svettiga Förberedelser

Tomas organiserade ett veckolångt träningsläger för att kick starta säsongens träningar. Varje dag började med en tidig morgonjogg runt hockeyrinken, där dimman ännu låg tät och spelarnas andetag bildade små moln i den kalla morgonluften. Detta följdes av en timme av styrketräning, där Tomas introducerade spelarna för en rad olika övningar som syftade till att bygga upp muskelstyrka och uthållighet.

Spelarna använde sin egen kroppsvikt, kettlebells och medicinbollar i olika stationer, och Tomas övervakade deras framsteg, ständigt uppmuntrande dem att pusha sina gränser. "Styrka på isen börjar här," påminde han dem, när han såg tecken på trötthet eller tvekan.

Efter en kort paus fortsatte passet med smidighets- och snabbhetsträning. Tränaren lade upp koner och hinderbanor som spelarna skulle springa runt, vilket inte bara förbättrade deras fotarbete utan även deras förmåga att snabbt ändra riktning, en avgörande färdighet i snabba spelväxlingar på isen.

Emmi kände hur svetten rann nerför ryggen när hon fokuserade på att springa, hoppa och röra sig i sidled med precision och snabba fötter. Trots tröttheten som byggdes upp i hennes ben, kände hon en ökande känsla av styrka och självförtroende för varje hinder hon övervann.

Mot slutet av varje träningsdag ställde Tomas laget inför en utmaning där samarbete var avgörande. Dessa utmaningar varierade från att dra däck i lag, till stafetter och teambaserade styrkeövningar. Syftet var att inte bara bygga fysisk styrka utan också förstärka lagets förmåga att arbeta tillsammans under tryck.

Dessa övningar visade sig vara både utmattande och extremt givande. Skratten och ropen som ekade i träningshallen i slutet av varje pass var bevis på lagets växande sammanhållning och kollektiva styrka.

Efter de intensiva träningspassen följde viktiga återhämtningsperioder där laget stretchade ut musklerna och diskuterade dagen över gemensamma måltider som Tomas ville att de skulle äta tillsammans. Det gav spelarna en chans att dela sina erfarenheter och strategier för att överkomma personliga utmaningar.

Emmi kände att dessa träningspass, så fysiskt krävande de än var, laddade dem med den energi och det driv som krävdes för att möta de utmaningar som låg framför dem. Med varje dropp svett och varje ögonblick av gemensam ansträngning byggde de inte bara sin fysiska kondition utan också en ogenomtränglig laganda som skulle vara avgörande för deras framgång på isen.

När veckan avslutades, var laget inte bara starkare i kroppen utan också i sinnet, redo att ta sig an isen med förnyade krafter och ett fördjupat kamratskap som skulle visa sig vara deras största styrka i de kommande utmaningarna.

Guide 3: Explosiv styrketräning

Hockey är en sport som kräver explosiva rörelser, som snabba starter, plötsliga vändningar och kraftfulla skott. För att utveckla den explosiviteten behöver du bygga upp styrkan i benen och bålen.

Som hockeyspelare är det viktigt att ha både styrka och uthållighet för att prestera på isen. Genom att fokusera på styrketräning och kondition hemma kan du förbättra din explosivitet, snabbhet och uthållighet, vilket hjälper dig att hålla hög nivå genom hela matchen. Här är en guide med enkla och effektiva övningar som kan göras hemma utan avancerad utrustning.

1. Utfall (Lunges)

Utfall tränar hela underkroppen och hjälper till att förbättra din balans och stabilitet, vilket är viktigt för skridskoteknik och kroppskontroll.

- **Hur du gör:**
    - Stå rakt med fötterna höftbrett isär.
    - Ta ett stort kliv framåt med ena benet och sänk kroppen tills det bakre knäet nästan nuddar golvet.
    - Tryck tillbaka upp med främre benet till stående position och byt ben.
    - Gör 3 set med 10 utfall på varje ben.

2. Explosiva hopp (Jump Squats)

Den här övningen bygger explosivitet i benen och hjälper dig att förbättra din snabbhet och kraft på isen.

- **Hur du gör:**
    - o Stå med fötterna axelbrett isär.
    - o Gå ner i en djup knäböj och när du kommer upp, hoppa så högt du kan.
    - o Landa mjukt på fötterna och gå direkt ner i en ny knäböj.
    - o Gör 3 set med 10–12 hopp.

3. Övergripande styrketräning

Förutom benstyrka är det viktigt att träna hela kroppen för att kunna hantera närkamper, vinna puckdueller och ha kontroll över klubban. Övningar som tränar överkroppen och bålen är viktiga för att bygga upp den totala styrkan.

Armhävningar (Push-ups)

Armhävningar tränar bröst, axlar, armar och bål, och stärker de muskler som behövs för att skjuta, passa och skydda pucken.

- **Hur du gör:**
    - o Ligg på golvet med händerna placerade något bredare än axelbrett isär.
    - o Håll kroppen rak och sänk bröstet mot golvet genom att böja armbågarna.

- Pressa upp kroppen igen tills armarna är raka.
- Gör 3 set med 12–15 repetitioner. Om du vill öka svårighetsgraden kan du göra explosiva armhävningar där du klappar händerna mellan varje repetition eller trycker dig kraftfullt upp.

Plankan (Plank)

Plankan är en utmärkt övning för att stärka bålen, som hjälper dig att hålla balans och stabilitet på isen.

- **Hur du gör:**
  - Ligg med underarmarna i golvet och kroppen i en rak linje från axlarna till fötterna.
  - Spänn magmusklerna och håll positionen utan att låta höften sjunka.
  - Håll positionen i 30–60 sekunder och gör 3 set. För extra utmaning kan du prova att lyfta en arm eller ett ben i taget.

Rygglyft (Superman)

Starka ryggmuskler är avgörande för att hålla en god hållning och undvika skador.

- **Hur du gör:**
  - Ligg på mage med armarna utsträckta framför dig.

o   Lyft både armar och ben samtidigt så högt
    du kan, som om du flyger som "Superman".

o   Håll positionen i 2–3 sekunder och sänk
    sedan långsamt tillbaka.

o   Gör 3 set med 12–15 repetitioner.

Kapitel 4: Mentalt Fokus och Förberedelser

Efter den krävande fysiska träningslägret insåg tränare Tomas att laget inte bara behövde vara starka fysiskt utan också mentalt rustade inför de utmaningar som låg framför dem i den kommande säsongen. Därför beslutade han att ägna de närmaste dagarna åt mental träning, en avgörande komponent för att stärka spelarnas självförtroende, koncentration och förmåga att hantera stress under matcherna.

Tomas introducerade laget för en mental tränare, en expert inom sportpsykologi som hade arbetat med många framstående idrottslag. Hon hette Paula och förklarade vikten av mental styrka och hur den kan påverka prestationen på isen. "Hockey är inte bara ett fysiskt spel," sade hon. "Det är lika mycket ett mentalt spel. Hur ni hanterar press, motgångar och era egna förväntningar kommer att definiera er framgång."

Den mentala tränaren Paula introducerade laget för mindfulness-tekniker som kunde hjälpa dem att förbli närvarande under spel och minska stressnivåerna. Varje session började med en kort meditativ övning, där spelarna lärde sig att fokusera på sin andning och rensa sina tankar från störningsmoment.

Dessa övningar hjälpte spelarna att utveckla en förmåga att stanna kvar i nuet, en viktig färdighet under högtrycksmatcher där fokus lätt kan rubbas av publiken, domslut eller motståndarens spel.

En annan viktig aspekt av den mentala träningen var visualisering. Spelarna tränades i att föreställa sig framgångsrika spel, mål och till och med hela matcher där de utförde sina roller perfekt. "När ni visualiserar er framgång," förklarade Paula, den mentala tränaren, "förbereder ni era hjärnor på att utföra dessa handlingar i verkligheten. Det stärker också ert självförtroende, eftersom ni redan har 'sett' er själva lyckas."

Förutom visualisering, lades stor vikt vid positivt tänkande. Laget arbetade med att förvandla negativa tankar och tvivel till positiva bilder. Varje spelare uppmuntrades att identifiera sina vanligaste negativa tankar och omarbeta dem till positiva mantran som kunde upprepas både under träning och match.

En stor del av den mentala träningen fokuserade också på att stärka kommunikationen och samarbetet inom laget. Genom olika övningar lärde sig spelarna att uttrycka sina tankar och känslor på ett konstruktivt sätt, lyssna aktivt till sina lagkamrater och ge stöd när det behövdes. Detta förbättrade inte bara deras relationer utan också deras förmåga att fungera som en enhet på isen.

När den mentala träningsveckan avslutades kände sig spelarna inte bara fysiskt utan även mentalt starkare. De hade fått verktyg för att hantera nervositet, förbättra fokus och förstärka sitt inre driv. De kände sig mer sammanlänkade som ett lag och redo att ta sig an de utmaningar som väntade på dem den kommande säsongen.

Med dessa förberedelser, såväl fysiska som mentala, kände Emmi och hennes lagkamrater att de hade en solid grund att stå på. De var inte bara redo att spela hockey – de var redo att möta och övervinna allt som säsongen kunde tänkas kasta i deras väg.

Guide 4: Träna hemma på mental styrka

Mental träning hjälper dig att hantera press, behålla fokus och prestera på topp, även i tuffa situationer. Här är några enkla men effektiva övningar du kan göra hemma för att stärka ditt mentala spel:

1. Visualisering

Visualisering är ett kraftfullt verktyg för att träna hjärnan. Föreställ dig själv i olika matchscenarier – till exempel att du gör ett avgörande mål, vinner en viktig närkamp eller hanterar en pressad situation som ett powerplay. Genom att "se" dig själv lyckas kan du skapa självförtroende och förbereda dig för verkliga situationer på isen.

- **Hur du gör:**

  o Sätt dig på en lugn plats och stäng ögonen.

  o Andas djupt några gånger för att slappna av.

  o Föreställ dig en specifik situation på isen, och se hur du reagerar på bästa möjliga sätt. Tänk på detaljer som ljudet från publiken, hur pucken känns på klubban, och vad du ser omkring dig.

  o Visualisera dig själv hantera pressen och lyckas med dina mål.

2. Andningsövningar

När du står inför pressade situationer är det lätt att bli nervös och förlora fokus. Djupandning är en teknik som hjälper dig att hålla lugnet, minska stress och återfå fokus. Du kan använda denna teknik både under träning och matcher för att hålla dig centrerad.

- **Hur du gör:**
  - ○ Sätt dig bekvämt och slappna av i axlar och käkar.
  - ○ Andas djupt in genom näsan i fyra sekunder, håll andan i fyra sekunder, och andas långsamt ut genom munnen i sex sekunder.
  - ○ Upprepa denna cykel i 3-5 minuter. Tänk på att du andas in lugn och självförtroende, och att du andas ut nervositet och stress.

3. Målsättning och reflektion

Att sätta upp tydliga mål hjälper dig att känna kontroll och ger dig en plan för hur du kan förbättra dig. Börja med små mål och jobba dig upp mot större mål. Genom att sätta upp dagliga eller veckovisa mål kan du bygga självförtroende och känna att du gör framsteg.

- **Hur du gör:**
  - ○ Skriv ner små, konkreta mål som du vill uppnå varje vecka. Till exempel: "Jag vill förbättra min snabbhet genom att springa tre gånger den här veckan" eller "Jag ska träna på att hålla fokus i stressiga situationer."

- o   Reflektera över dina mål i slutet av veckan. Vad gick bra? Vad kan du förbättra? Att reflektera hjälper dig att bli medveten om din utveckling och justera dina strategier framåt.

Genom att följa dessa steg kan du träna din mentala styrka på samma sätt som du tränar dina fysiska färdigheter. Det kräver tålamod och disciplin, men genom att bygga upp din mentala uthållighet kommer du att känna dig mer förberedd och trygg, oavsett vilka utmaningar som väntar på isen.

Kapitel 5: En Ny Lagkamrat

När det var dags att gå på is för första gången under den nya säsongen var träningshallen fylld av ljudet av skridskor som skar genom isen och klubbor som smällde mot pucken. Emmi älskade den där välbekanta känslan av att vara på isen, den kalla luften som bet i kinderna och känslan av nyspolad is. Det var en av de bästa sakerna med hockey, att känna sig hemma på isen. Men den här träningen skulle visa sig vara annorlunda.

När hon kom till omklädningsrummet såg hon ett nytt ansikte bland sina lagkamrater. En tjej som såg ut att vara ungefär i Emmis ålder stod där med sin utrustning på sig, nervöst nickande åt det som tränaren Tomas sa till henne. Hon hade långt, mörkt hår som var uppsatt i en hästsvans och intensiva, bruna ögon som betraktade rummet med försiktig nyfikenhet.

Tomas klappade händerna och fångade lagets uppmärksamhet. "Okej, tjejer, jag vill att ni hälsar vår nya lagkamrat välkommen. Det här är Lina. Hon har spelat hockey sedan hon var liten och kommer att bli ett värdefullt tillskott till vårt lag. Så ge henne ett varmt välkomnande!"

"Välkommen, Lina!" ropade lagkamraterna i kör. Emmi log vänligt mot Lina, men hon kände samtidigt en liten knut i magen. En ny spelare betydde förändring, och förändringar kunde vara svåra.

Under uppvärmningen märkte Emmi snabbt att Lina var skicklig. Hon rörde sig smidigt över isen och hanterade pucken med en säkerhet som imponerade på både lagkamrater och tränare. Det var tydligt att hon hade mycket erfarenhet och kunde bli en riktig tillgång för laget.

Men när träningen fortsatte, märkte Emmi också något annat. Lina hade en helt annan spelstil än hon själv. Medan Emmi gillade att spela med fart och precision, var Lina mer aggressiv och gick ofta in i närkamper utan att tveka. Det gjorde att de två stötte ihop flera gånger under övningarna.

Vid en passningsövning skulle Emmi passa pucken till Lina, men precis när hon skulle slå passningen, åkte Lina istället mot Emmi och tog pucken från henne. Emmi tappade balansen och föll på isen.

"Vad gör du?" frågade Emmi frustrerat när hon reste sig upp.

"Försöker vinna pucken," svarade Lina, som om det var det mest självklara i världen.

Emmi kände sig irriterad ”vi spelar ju i samma lag”, muttrade hon för sig själv. Det kändes som om Lina försökte bevisa något, men hon kunde inte riktigt förstå vad. När träningen var över gick hon fram till Tomas.

"Coach, jag vet inte om Lina och jag kommer överens. Hon spelar så... annorlunda," sa Emmi, försökte hitta rätt ord för att beskriva hur hon kände.

Tomas nickade förstående. "Jag märkte det, Emmi. Men kom ihåg att hockey är ett lagspel. Ibland behöver vi lära oss att samarbeta med människor som spelar på ett annat sätt. Det är det som gör oss bättre spelare och bättre lagkamrater. Ge det lite tid."

Emmi nickade, men hon kunde inte släppa känslan av att Lina på något sätt konkurrerade med henne. Nästa träning var det samma sak igen. Lina verkade alltid vara ett steg före och ställde till med oreda i övningarna. Emmi kände sig frustrerad och osäker. Hon var van vid att vara en av de bästa spelarna i laget, men nu kände hon sig plötsligt osynlig bredvid Lina.

Efter träningen satte sig Emmi i omklädningsrummet och drog en djup suck. Sofie, som hade lagt märke till hennes bekymrade min, satte sig bredvid henne.

"Är du okej, Emmi?" frågade Sofie mjukt.

Emmi ryckte på axlarna. "Jag vet inte, det känns bara som om Lina försöker ta över allt. Jag vet att jag borde vara glad att vi har en bra spelare i laget, men jag kan inte låta bli att känna mig... utanför."

Sofie nickade förstående. "Det är normalt att känna så när någon ny kommer in och förändrar dynamiken. Men jag tror att Tomas har rätt. Om ni kan lära er att spela tillsammans, kan ni bli ett riktigt starkt par på isen."

Emmi funderade över Sofies ord hela kvällen. Hon visste att hon behövde ändra sin inställning, men hon var inte säker på hur. Nästa dag på träningen bestämde hon sig för att försöka prata med Lina.

"Hej, Lina," sa Emmi försiktigt när de stod och knöt sina skridskor bredvid varandra. "Jag ville bara säga att jag tycker du är en riktigt bra spelare. Det känns som om vi kan lära oss mycket av varandra."

Lina log och verkade lättad. "Tack, Emmi. Jag har också märkt att vi har olika spelstilar, men jag tror att om vi lär oss att kombinera dem kan vi bli riktigt bra tillsammans."

Emmi kände en värme sprida sig inom sig. Hon insåg att Lina inte var hennes konkurrent, utan en ny lagkamrat som också försökte hitta sin plats. Med en nyfunnen vilja bestämde sig Emmi för att arbeta på att förstå Linas spelstil och se hur de kunde bli ett bättre team tillsammans.

När träningen började igen, märkte både Emmi och Lina att deras samspel blev bättre. De började förstå varandras rörelser och passningar och lyckades skapa flera bra anfall tillsammans.

Efter träningen log Tomas stolt mot laget. "Det var bättre, tjejer! Jag ser att ni börjar hitta varandra på isen. Fortsätt så!"

Emmi och Lina utbytte ett leende. De visste att det skulle ta tid att helt anpassa sig till varandras spelstilar, men de var på rätt väg. Emmi kände att den konkurrens hon känt hade förvandlats till en utmaning – en möjlighet att växa och bli en bättre spelare. Och hon var redo att ta sig an den utmaningen tillsammans med Lina och resten av laget.

Guide 5: Hur man hanterar konflikter med en lagkamrat

Ibland händer det att man inte kommer överens med alla i ett lag, och det är helt normalt. Men för att laget ska fungera på bästa sätt är det viktigt att kunna hantera konflikter på ett konstruktivt och respektfullt sätt. Här är några steg du kan ta om du har problem med en lagkamrat:

1. Reflektera över situationen

Innan du agerar, ta en stund för att tänka på vad som orsakar problemet. Är det en specifik händelse eller är det något som har byggts upp över tid? Genom att reflektera kan du bättre förstå vad som ligger bakom konflikten och hur du själv känner.

- **Fråga dig själv:** Är det en kommunikationsmiss? Handlar det om spelet, eller något personligt? Hur kan jag bidra till att lösa problemet?

2. Prata enskilt med personen

Om du känner att problemet behöver lösas, försök att prata direkt med lagkamraten enskilt, bortom ögonen från resten av laget. Det är ofta lättare att lösa problem när det bara är ni två. Var öppen och ärlig, men också respektfull i ditt sätt att kommunicera.

- **Hur du gör:** Säg något i stil med: "Jag har märkt att vi inte alltid kommer överens på isen. Kan vi prata om det och se hur vi kan förbättra det tillsammans?"

3. Fokusera på lösningar, inte skuld

När ni pratar, fokusera på att hitta lösningar istället för att skylla på varandra. Lyft fram specifika situationer och prata om vad ni kan göra för att förbättra samarbetet. Tänk på att ni båda vill att laget ska prestera bra.

- **Tips:** Använd "jag-känslor" istället för att peka ut den andra personen. Till exempel: "Jag känner mig frustrerad när vi inte kommunicerar på planen" istället för "Du gör alltid fel."

4. Visa förståelse och lyssna

Lyssna på vad din lagkamrat har att säga. Det är viktigt att båda parter känner sig hörda och förstådda. Försök sätta dig in i deras perspektiv och visa empati för deras upplevelse.

- **Hur du gör:** Be om klargörande om något är oklart och visa att du respekterar deras synvinkel. "Jag förstår vad du menar, och det är inte något jag hade tänkt på tidigare."

5. Involvera tränaren om det behövs

Om ni inte kan lösa konflikten själva, tveka inte att involvera tränaren eller en annan neutral person. De kan hjälpa till att medla och komma fram till en lösning som gynnar både er och laget.

6. Tänk på lagets bästa

Kom alltid ihåg att du och din lagkamrat har samma mål – att laget ska lyckas. Om ni båda håller fokus på lagets framgång, blir det lättare att lägga personliga meningsskiljaktigheter åt sidan och samarbeta effektivt.

Genom att hantera konflikter på ett öppet, respektfullt och lösningsorienterat sätt kan du bidra till ett starkare lag där alla känner sig delaktiga och värdefulla. Kommunikation och förståelse är nyckeln till att bygga en positiv laganda.

Kapitel 6: På Träningsläger

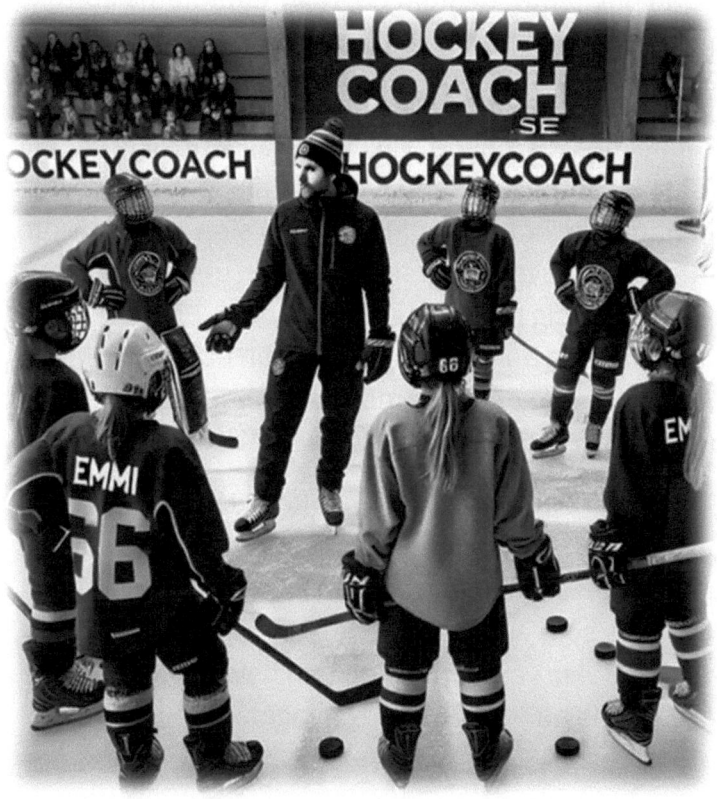

Tidigt en fredagsmorgon samlades Emmi och hennes lagkamrater utanför hockeyhallen, redo för att åka på träningsläger igen. Det var första gången laget skulle spendera flera dagar tillsammans utanför staden, och spänningen låg i luften. Bussen som skulle ta dem till träningslägret stod redo, och tränaren Tomas var redan där, pratande med några av föräldrarna som hade kommit för att vinka av sina barn.

"Har alla packat med sig sina skridskor?" ropade Tomas med ett leende, vilket fick laget att skratta. Alla visste att Tomas älskade att skoja till det, men också att han hade höga förväntningar på sina spelare, som att alla skulle vara nogranna med sin utrustning och ha allt med sig till träning och matcher. En gång hade Sofie med sig bara en skridsko till en bortamatch, "Det är kanske därför Tomas påminner oss", funderade Emmi för sig själv.

Emmi kände pirret i magen när hon klättrade ombord på bussen. Hon såg fram emot att lära sig nya saker och utveckla sitt spel, men det var också lite nervöst. Med Lina som en ny stark spelare i laget, ville Emmi verkligen visa vad hon kunde och bevisa att hon fortfarande hade en viktig roll i laget.

När de väl kom fram till träningslägret, blev de genast satta i arbete. Träningsschemat var fullspäckat, med morgonträning på isen, följt av fys- och teknikträning under dagen, och sedan ytterligare isträning på eftermiddagen. Tomas hade också bjudit in några erfarna tränare och tidigare professionella spelare för att hålla i specialträningar.

Den första dagen fokuserade på skridskoteknik och balans. Emmi kämpade med att hålla jämna steg med Lina och de andra, särskilt när de tränade på att snabbt byta riktning och göra tvära stopp. Lina var blixtsnabb och rörde sig smidigt över isen, medan Emmi kände sig klumpig och långsam i jämförelse.

"Kom igen, Emmi! Tänk på hur du har tyngdpunkten på dina skenor," ropade Tomas uppmuntrande från sidan av isen. "Du måste vara lätt på fötterna, nästan som om du dansar!"

Emmi nickade och försökte fokusera på sin teknik. Hon visste att det här var hennes chans att verkligen förbättra sina färdigheter, men det var svårt att inte känna sig frustrerad när det inte gick så bra som hon hoppats.

Trots de intensiva träningarna var det också en tid för laget att bygga starkare band. På kvällarna samlades de runt lägerelden, berättade historier och sjöng sånger. En kväll hade de en tävling om vem som kunde göra den bästa marshmallowsmörgåsen, och Emmi vann överraskande med sitt hemliga recept som inkluderade en touch av jordnötssmör.

Lina och Emmi började också lära känna varandra bättre utanför isen. De pratade om sina drömmar och rädslor, om sina familjer och vad som hade fått dem att börja spela hockey. Emmi insåg att Lina inte bara var en skicklig spelare, utan också en snäll och rolig tjej som hade mycket att erbjuda laget.

"Jag trodde först att du skulle ta min plats i laget," erkände Emmi en kväll när de satt vid elden.

Lina log och skakade på huvudet. "Jag skulle aldrig vilja ta någon annans plats. Jag vill bara spela och ha kul, precis som du."

De två tjejerna utbytte ett leende, och Emmi kände en våg av lättnad. Hon insåg att hon inte behövde vara perfekt eller bäst hela tiden. Det viktiga var att hon gjorde sitt bästa och stöttade sitt lag.

Den sista dagen på lägret fokuserade på strategi och speluppfattning. De övade på att läsa spelet, göra snabba beslut och att samarbeta som ett lag genom spelövningar. Emmi märkte att hon började hitta sin rytm igen och att hennes självförtroende växte. Hon kände att hon hade lärt sig mycket och att hon var redo att ta med sig dessa lärdomar in i den nya säsongen.

Men hon insåg också att det fanns mycket kvar att arbeta på. Att vara en del av laget betydde att alltid sträva efter att bli bättre, att aldrig ge upp, och att stödja sina lagkamrater, även när det var tufft.

När bussen återvände hem efter lägret, kände Emmi sig både trött och upprymd. Hon visste att det kommande året skulle bli fullt av utmaningar, men hon var redo att möta dem med ny energi och beslutsamhet. Hon tittade på sina lagkamrater, som nu kändes mer som en familj än någonsin. Med Lina vid sin sida och ett starkt team bakom sig, var hon säker på att de skulle kunna klara vad som helst tillsammans.

Guide 6: Träna skott hemma – utveckla ditt målsinne

Att förbättra ditt skott handlar inte bara om kraft, utan också om precision, snabbhet och variation. Här är några kreativa och roliga sätt att ta din skotträning till nästa nivå hemma:

1. Målsättning med olika zoner

För att bli en mer exakt målskytt, kan du dela upp ditt mål i olika zoner och försöka träffa specifika delar. Använd färgglada tejpbitar eller målskivor för att markera de delar du vill träffa, som hörnen eller vid stolparna.

- **Hur du gör:** Ge varje zon ett poängvärde och sätt en utmaning för dig själv att nå en viss poängsumma på ett begränsat antal skott. Försök sedan slå ditt eget rekord!

2. Snabbskottsutmaning

En viktig del av att vara en bra målskytt är att kunna skjuta snabbt och i pressade situationer. Ställ upp puckar på olika ställen runt din träningsyta och träna på att skjuta snabbt utan att stanna upp eller tänka för mycket.

- **Hur du gör:** Ställ en timer på 30 sekunder och se hur många skott du kan få iväg mot olika målzoner under den tiden. För varje träningstillfälle, försök att få iväg fler skott med högre precision och högre poängantal.

3. Skott i rörelse

I en riktig match är det sällan du får stå still och skjuta. Träna på att skjuta medan du rör dig, både framåt och i sidled, för att simulera matchliknande situationer.

- **Hur du gör:** Skapa en bana med koner eller andra hinder. Spring runt banan eller gå i sidled och avsluta varje runda med ett snabbt skott mot mål. Försök att hålla samma fart och teknik genom hela banan.

Bonus: Kombinera skott med teknik

- För att göra träningen ännu roligare och utvecklande, kan du kombinera din skottträning med dribbling och teknikövningar. Dribbla pucken runt koner och avsluta med ett skott, eller öva på att snabbt växla från dribbling till skott. Detta hjälper dig att överföra dina skottkunskaper till verkliga matchliknande situationer.

Genom att variera dina skottövningar och göra dem utmanande och lekfulla, kommer du inte bara att utveckla dina skottfärdigheter, utan också tycka att träningen är rolig och motiverande. Lycka till och skjut skarpt!

Kapitel 7: Skador och Återhämtning

En kall höstmorgon under en intensiv träning på isen skedde det som Emmi hade fruktat. Under en övning där de tränade på snabba vändningar och accelerationer, kände hon plötsligt en skarp smärta i vristen. Hon hade missbedömt ett skär, och när hon försökte räta upp sig förlorade hon balansen och föll hårt på isen. Ett ögonblick senare låg hon där och kände hur smärtan pulserade genom benet.

Tränaren Tomas var snabbt framme och hjälpte Emmi att resa sig. "Hur känns det, Emmi?" frågade han oroligt.

"Det gör ont," svarade Emmi, och försökte hålla tillbaka tårarna. Hon kunde inte stödja på foten utan att känna en ilande smärta. Tomas och en av lagkamraterna hjälpte henne av isen och satte henne på bänken.

Efter en snabb undersökning av lagets fysioterapeut konstaterades det att Emmi hade vrickat fotleden och eventuellt skadat även knäet lindrigt. Det var ingen allvarlig skada, men hon behövde vila och rehabilitera i några veckor. Beskedet kändes som en puck i ansiktet för Emmi.

När Emmi satt där med sin fot inlindad i ett elastiskt bandage, kunde hon inte hålla tillbaka känslan av frustration och besvikelse. Hon hade jobbat så hårt under träningslägret och var redo att ge allt inför den kommande säsongen. Nu kändes det som om allt bara hade raserats.

Hemma fick hon hjälp av sin mamma att lägga upp foten på en kudde och kyla ner den med en påse is. "Det är viktigt att du vilar, Emmi," sa hennes mamma mjukt. "Din kropp behöver tid att läka."

Men Emmi hade svårt att acceptera att hon var tvungen att ta det lugnt. Hon ville vara på isen med sitt lag, träna och förbättra sig. I stället kände hon sig fast hemma, orörlig och isolerad. Varje gång hon fick en uppdatering från sina lagkamrater om hur träningarna gick, blev känslan av otillräcklighet ännu starkare.

Efter några dagar av vila och mycket tänkande började Emmi inse att hon var tvungen att ändra sitt sätt att tänka. Hon hade hört många gånger från sina tränare att återhämtning var en del av sporten, men hon hade aldrig riktigt förstått vad det innebar. Nu insåg hon att det inte bara handlade om att vila, utan också om att ta hand om sin kropp och sitt sinne.

Under återhämtningen började hon arbeta med fysioterapeuten, som visade henne olika övningar för att stärka fotleden och förbättra rörligheten. De pratade också om vikten av mental styrka, hur man kan använda visualisering och positivt tänkande för att förbereda sig för sin comeback, "Vi har övat på visualesireingstekniker med laget", sa Emmi. "Det är toppen, då har du redan verktyg för det", svarade fysioterapeuten.

Trots att Emmi inte kunde träna fullt ut med sitt lag, började hon att vara närvarande vid varje träning och match. Hon insåg att det var viktigt att vara en del av laget, även när hon inte kunde spela. Hennes lagkamrater, inklusive Lina, visade stort stöd. De uppmuntrade henne att hålla ut och påminde henne om hur viktig hon var för laget, både på och utanför isen.

En dag kom Lina över med en stor låda full av träningsvideor och en personlig anteckningsbok. "Jag tänkte att du kunde använda dessa för att hålla dig motiverad," sa Lina och log. "Och i anteckningsboken kan du skriva ner hur du känner och vilka mål du vill uppnå när du är tillbaka."

Emmi blev rörd av gesten. Hon insåg att även om hon var skadad, var hon fortfarande en del av laget och hade många människor omkring sig som brydde sig om henne.

Veckorna gick och Emmi började känna sig starkare. Hennes fot läkte bra, och hon kunde snart börja delta i lättare träningar. Hon kände att hon hade lärt sig mycket under denna tid, inte bara om vikten av att ta hand om sin kropp, utan också om hur mycket hon älskade sporten och hur viktig den var för henne.

Emmi insåg också att skadan hade gett henne en möjlighet att reflektera över sina mål och sina prioriteringar. Hon hade alltid varit så fokuserad på att vara bäst, men nu förstod hon att det viktigaste var att ha kul och njuta av spelet.

När hon återvände till isen kände hon sig mer motiverad än någonsin, inte bara för att spela bra, utan för att vara en bra lagkamrat och att ta hand om sin kropp på bästa möjliga sätt.

"Du är tillbaka, Emmi!" ropade Tomas med ett stort leende när hon gled ut på isen igen. "Och det ser ut som om du är starkare än någonsin."

Emmi log och nickade. Hon visste att detta bara var början på ett nytt kapitel i hennes hockeyresa, ett kapitel där hon hade lärt sig att både fysiska och mentala utmaningar var en del av spelet.

Guide 7: Så kommer du bäst tillbaka efter en skada

Att komma tillbaka efter en skada kan vara utmanande, men med rätt inställning och strategi kan du återhämta dig starkare än någonsin. Här är några viktiga steg att följa för att säkerställa en säker och effektiv återkomst till träning och spel.

1. Följ medicinska råd

Det första och viktigaste steget är att lyssna på din läkare, fysioterapeut eller annan medicinsk expert. De ger dig en individuell plan som är anpassad efter din skada och din kropp. Att följa deras råd noggrant är avgörande för att undvika att förvärra skadan eller återfalla.

- **Tips:** Gå på alla uppföljningar och tveka inte att fråga om något är oklart kring din rehabilitering.

2. Börja långsamt och gradvis

När du har fått klartecken att börja träna igen, är det viktigt att starta långsamt. Det kan vara frestande att hoppa rakt in i full träning, men att gå för fort fram kan orsaka bakslag. Börja med lätt träning och öka gradvis intensiteten när din kropp känns redo.

- **Hur du gör:** Börja med lågintensiva övningar som promenader eller lätt cykling och öka successivt till mer belastande aktiviteter som löpning eller styrketräning.

3. Styrketräning och rehabilitering

Om du har varit borta från spel ett tag kan det hända att vissa muskler har blivit försvagade. Rehabiliteringsövningar och styrketräning fokuserade på de områden du skadat kan hjälpa dig att återfå muskelstyrka och stabilitet.

- **Hur du gör:** Fokusera på att stärka de muskler som är relevanta för din skada. Använd gummiband, lättare vikter eller kroppsviktsövningar som plankan, benlyft eller knäböj. Var noggrann med att följa anvisningarna från din fysioterapeut.

4. Fysisk och mental återhämtning

Att komma tillbaka från en skada är inte bara fysiskt – det är också mentalt utmanande. Det är viktigt att ge dig själv tid att bearbeta både de fysiska och mentala aspekterna av skadan. Bygg upp ditt självförtroende långsamt och sätt små mål för att mäta din framgång.

- **Tips:** Visualisera att du är tillbaka på planen, starkare och mer beslutsam. Prata med lagkamrater eller andra som gått igenom liknande situationer för stöd och motivation.

5. Dagsbok för mental utveckling

Att föra en dagbok kan hjälpa dig att bearbeta tankar, känslor och erfarenheter som du går igenom som spelare. Det ger dig en möjlighet att reflektera över hur du hanterade olika situationer och vad du kan göra annorlunda i framtiden.

- **Hur du gör:**

    o   Ta några minuter varje dag eller efter varje träning och skriv ner dina tankar och känslor. Hur kände du dig under träningen och varför? Vad gick bra? Vad kan förbättras?

    o   Genom att reflektera över dina upplevelser och se mönster i ditt beteende kan du utveckla strategier för att bättre hantera kommande situationer och utmaningar.

Genom att följa dessa steg kan du säkert och effektivt komma tillbaka från en skada, redo att prestera på hög nivå igen!

Kapitel 8: Personliga Dilemman

Efter en lång träningsdag stod Emmi och hennes bästa vän Sofie i omklädningsrummet, packade sina väskor i tystnad. Sofie, vanligtvis full av energi och skämt, hade varit ovanligt tyst under hela träningspasset. Emmi hade lagt märke till att Sofie inte bara drog sig undan socialt, utan också verkade ha förlorat sin vanliga passion på isen.

"Är allt okej, Sofie?" frågade Emmi, när hon inte kunde hålla sig längre.

Sofie tvekade innan hon svarade. "Jag vet inte, Emmi... jag har funderat mycket på saker."

"Vilka saker?" Emmi stängde sin väska och riktade sin fulla uppmärksamhet mot Sofie.

Sofie satt ner på bänken, lekte med snörena på sin skridsko. "Om hockey... om jag verkligen vill fortsätta spela."

Orden träffade Emmi som en puck i magen. "Varför skulle du inte vilja det? Du älskar ju hockey."

"Jag vet, men det är så mycket press nu. Det känns inte lika roligt längre. Allt är så allvarligt, och med alla turneringar och träningar... jag känner bara inte samma glädje," förklarade Sofie och såg upp på Emmi med ledsna ögon.

Emmi satte sig bredvid Sofie, osäker på vad hon skulle säga för att trösta henne. "Men du är så bra, och vi behöver dig i laget."

"Det är inte bara det," fortsatte Sofie. "Det är stressigt med skolan, och mina föräldrar pratar alltid om framtiden, om gymnasiet och karriärer... Jag vet inte ens om jag vill ha hockey i den framtiden."

Emmi tog ett djupt andetag, försökte hitta rätt ord för att hjälpa sin vän. "Kanske behöver du bara en paus, Sofie. En chans att hitta tillbaka till varför du började spela från början. Minns du i fjol när vi vann den där matchen i sista minuten? Du sa att det var den bästa känslan någonsin."

Sofie nickade, ett svagt leende spred sig på hennes läppar. "Ja, det var fantastiskt."

"Kanske kan du hitta det där igen," föreslog Emmi. "Vi kan göra saker tillsammans, bara ha kul på isen utan att tänka på tävlingar och press. Bara du och jag, som när vi började."

Sofie tittade på Emmi och kände tacksamhet värma i bröstet. "Skulle du verkligen vilja det? Inte pusha för mer träning eller matcher?"

"Absolut," svarade Emmi. "Allt jag vill är att du ska vara lycklig. Och jag vill inte spela utan min bästa vän vid min sida."

De två vännerna bestämde sig för att tillbringa några eftermiddagar varje vecka med att bara åka skridskor tillsammans, kanske spela lite puck utan någon riktig struktur eller mål. Det gav Sofie utrymme att andas och påminde henne om de enkla glädjeämnena i hockey.

Sakta men säkert började Sofie återfå sin entusiasm. Med Emmi vid sin sida, påminde de fria spelsessionerna henne om varför hon älskade spelet – friheten att glida över isen, skrattet som ekade i hallen när de tävlade om vem som kunde göra de knäppaste dragen, eller göra det snyggaste målet, eller hur många direktpassningar de kunde slå i rad.

En dag efter deras fria skridskoåkning stannade Sofie upp, andfådd och strålande. "Tack, Emmi," sa hon och kramade om sin vän. "Jag hade glömt hur mycket kul det här är. Jag tror inte jag är redo att ge upp det ännu."

Emmi kramade tillbaka, lättnad och lycka bubblade inom henne. "Jag är bara glad att se dig le igen. Och oavsett vad du bestämmer dig för i framtiden, kommer jag alltid att stödja dig."

De två vännerna fortsatte att balansera sin tid mellan seriös träning och bara roligt spel. Med tiden återfann Sofie inte bara sin kärlek till hockeyn utan också sin motivation att tävla, nu när hon visste att hon kunde hantera pressen med stöd från sin bästa vän och ha kul på samma gång.

Tillsammans lärde sig Emmi och Sofie att ibland är det viktigaste inte att vinna eller uppfylla alla andras förväntningar, utan att hitta glädjen i det man gör och dela den med någon som bryr sig.

Guide 8: Träna hockey hemma med en kompis – och ha kul!

Träning ska vara roligt, och att träna tillsammans med en kompis kan göra det ännu bättre! Här är några enkla och roliga sätt ni kan träna tillsammans hemma, bygga färdigheter och återupptäcka glädjen i hockeyn.

1. Passningsutmaning

En bra passning är grundläggande för att lyckas på isen. Öva tillsammans genom att utmana varandra i passningsprecision.

- **Hur ni gör:**

  o Ställ upp två mål eller markerade områden med koner eller andra föremål. Öva på att slå precisa passningar till varandra genom målen.

  o Utmana er själva genom att stå längre ifrån varandra eller använda färre touch på pucken/bollen innan ni passar.

  o Ge er poäng för varje pass som går genom målet. Försök slå varandras rekord!

2. Teknikbana – en mot en

Skapa en teknikbana med olika hinder (som koner eller andra föremål) och tävla mot varandra. Detta övar både på puckkontroll och snabbhet.

- **Hur ni gör:**

  - Ställ upp koner eller hinder och kör en stafett mot varandra, där ni måste dribbla er igenom banan så snabbt som möjligt utan att tappa kontrollen över pucken.

  - Ni kan också göra en utmaning där den ena försöker dribbla förbi, medan den andra spelar försvar.

  - Gör det till en tävling om vem som kan slutföra banan snabbast, eller vem som lyckas dribbla förbi flest gånger.

3. Hinderbana med tidtagning

En hinderbana är ett roligt och utmanande sätt att träna både teknik och snabbhet. Lägg till en tidtagning för att skapa lite tävlingsanda!

- **Hur ni gör:**

  - Skapa en hinderbana med olika moment, som att dribbla, skjuta, och ta sig igenom koner eller hoppa över hinder.

  - Turas om att genomföra banan medan den andra klockar tiden. Den som gör det snabbast vinner!

  - Variera momenten i banan för att hålla det intressant, och se om ni kan slå era egna tider.

4. Utmana varandra med styrketräning

Hockey kräver styrka och uthållighet. Gör det roligare genom att utmana varandra i styrkeövningar!

- **Hur ni gör:**

  - Välj en serie enkla övningar som knäböj, plankan, armhävningar och utfall. Utmana varandra att se vem som kan göra flest repetitioner på en viss tid eller hålla plankan längst.

  - Ni kan också göra parövningar som att köra "high five-plankor" där ni står i plankan och klappar varandra på händerna mellan varje repetition.

  - Att träna tillsammans ger extra motivation och gör styrketräningen mer social.

Att träna med en kompis gör träningen roligare, och med lite tävlingsanda och kreativitet kan ni återupptäcka glädjen i hockeyn tillsammans. Håll det enkelt, håll det roligt, och glöm inte att fira era framsteg!

Kapitel 9: I Spelets Hjärta

Med förnyad energi och Sofie åter i full form, fokuserade laget på den kommande säsongen. Träningen intensifierades och varje session fylldes av svett, skratt och en växande känsla av sammanhållning. Tränare Tomas hade planerat en serie träningsmatcher för att stärka lagets samarbete och tekniska färdigheter, vilket skulle bli avgörande för deras prestationer i seriespelet.

Varje träning började med en grundlig uppvärmning, en ritual som både förberedde kropparna och stärkte lagandan. De startade med lätta joggingrundor runt rinken följt av en serie dynamiska stretching övningar. Tomas betonade vikten av en god uppvärmning för att minska skaderisken och öka spelarnas prestation.

Efter uppvärmningen följde en timme av intensiva övningar som fokuserade på allt från puckkontroll och skott till mer komplexa spelmoment. Tomas använde ofta videoklipp från professionella matcher för att demonstrera tekniker och taktiker som han ville att laget skulle testa, som små delmoment. Spelarna, ivriga att förbättra sina egna färdigheter, tog noggrant till sig råden och arbetade hårt för att tillämpa dem på isen.

När det närmade sig helgerna, var det dags för de första träningsmatcherna. Dessa matcher var viktiga inte bara för att testa spelarnas färdigheter under matchliknande förhållanden, utan också för att ge dem en känsla av riktig matchspänning.

I den första matchen ställdes laget mot en av de tuffaste rivalerna i ligan. Spänningen var påtaglig när spelarna snörde på sig sina skridskor och förberedde sig för nedsläpp. Emmi, som var en av de mer erfarna spelarna, tog på sig rollen som en inofficiell ledare på isen, peppade sina lagkamrater och gav instruktioner.

Matchen började intensivt, med båda lagen som kämpade hårt för pucken. Emmi och Sofie, nu ett väl samspelt par efter all extra träning, visade upp en fantastiskt samspel, vilket resulterade i ett spektakulärt mål i den första perioden. Laget kämpade tappert, och deras försvarsspel var starkare än någonsin, tack vare de taktiker Tomas hade drillat dem i.

Efter varje match samlade Tomas laget för en genomgång. Han delade ut beröm där det var förtjänt, men var också snabb med konstruktiv kritik. Varje spelare fick specifik feedback på vad de gjorde bra och vad de kunde förbättra till nästa match.

Efter en särskilt utmanande match, där laget hade kämpat hårt men förlorat med minsta möjliga marginal, höll Tomas ett tal som stärkte deras beslutsamhet. "Det är i dessa stunder vi växer som lag och individer. Varje misstag är en lektion, och varje lektion gör oss bättre, när vi lär oss från det. Vi lyfter oss själva och varandra och går starkare ur detta."

Med varje träning och match växte lagets förmåga och självförtroende. Emmi kände en djup stolthet över hur långt de alla hade kommit, inte bara i sina hockeyfärdigheter utan också i deras förmåga att arbeta som ett enhetligt lag. Säsongen såg lovande ut, och med fortsatt hårt arbete visste Emmi att de hade potential att nå långt, kanske till och med att vinna mästerskapet.

Guide 9: Bra uppvärmning inför match eller träning

En ordentlig uppvärmning hjälper dig att prestera på topp och minskar risken för skador. Här är en enkel men effektiv uppvärmningsrutin som förbereder både kropp och sinne inför träning eller match:

1. Lätt konditionsträning (5–10 minuter)

Börja med att få igång blodcirkulationen och värma upp musklerna. Detta steg hjälper kroppen att förbereda sig för mer intensiv aktivitet.

- **Hur du gör:** Jogga lätt, hoppa hopprep eller kör några varv runt planen/isrinken.

- **Mål:** Öka kroppstemperaturen och aktivera musklerna.

2. Dynamisk rörlighetsträning (5–7 minuter)

Dynamiska rörelser är viktiga för att mjuka upp leder och muskler inför den intensiva belastningen under träning eller match. Fokusera på att få igång hela kroppen.

- **Övningar att inkludera:**

  o **Armcirklar:** Rulla armarna i stora cirklar för att värma upp axlar och skuldror.

  o **Benpendlingar:** Sväng benen framåt och bakåt samt sida till sida för att mjuka upp höfter och lår.

- o **Höga knän:** Jogga på stället och lyft knäna så högt du kan för att aktivera framsidan av låren.

- o **Långsamma utfall:** Ta stora steg framåt och sänk kroppen långsamt för att sträcka ut höfter och lår.

3. Explosiva rörelser (3–5 minuter)

När musklerna är uppvärmda kan du göra några korta explosiva rörelser för att förbereda kroppen för snabba, kraftfulla rörelser som du gör under träningen eller matchen.

- **Övningar att inkludera:**

  - o **Snabba skridskohopp:** Hoppa i sidled som om du åker skridskor för att aktivera lår och bål.

  - o **Sprint på stället:** Kör snabba fötter på stället för att öva reaktionssnabbhet.

  - o **Snabba upphopp (jump squats):** Explosiva hopp från knäböjposition för att aktivera hela benen.

4. Aktivera bål och stabilitet (3–5 minuter)

Att ha en stark och stabil bål hjälper till att kontrollera dina rörelser under matchen eller träningen. Dessa övningar hjälper dig att bli stabil och redo.

- **Övningar att inkludera:**

  - **Plankan (30–60 sekunder):** Aktiverar magen och hela bålen.

  - **Bålrotationer:** Stå med fötterna i axelbredd och vrid överkroppen långsamt från sida till sida.

5. Mental förberedelse (1–2 minuter)

Innan du går ut på isen eller planen, ta ett ögonblick för att fokusera på matchen eller träningen. Det hjälper dig att gå in med rätt inställning och koncentration.

- **Hur du gör:** Ta några djupa andetag, släpp eventuella distraktioner och visualisera dig själv prestera på topp.

Genom att följa denna uppvärmningsrutin kommer du att förbereda både kropp och sinne för att prestera på topp och minska risken för skador. Lycka till!

Kapitel 10: Jakten på Topplaceringarna

Efter intensiva fysiska och tekniska träningspass, som hade stärkt både deras fysik och laganda, var Emmi och hennes lag redo att möta säsongens utmaningar i det nationella seriespelet. Varje match i det nationella seriespelet blev ett nytt steg i deras utveckling och en chans att sätta sina färdigheter på prov under verkliga tävlingsförhållanden. Med varje match, ökade även deras förståelse för varandra på isen och deras gemensamma mål att förbättra sig inför framtiden. Tränare Tomas såg till att utnyttja varje match som ett tillfälle att utbilda laget i samarbete och det taktiska spelet.

Tränare Tomas beslutade att utnyttja seriespelet som en möjlighet att experimentera med olika taktiker och formationer, vilket skulle ge spelarna en bredare förståelse för spelets olika aspekter och förbereda dem för de variationer de kunde stöta på mot olika motstånd.

Varje träning fokuserade på att förbättra deras snabbhet i beslutsfattande och förmåga att läsa motståndarens spel, två nyckelkomponenter som skulle vara avgörande i kommande matcher och turneringar.

Inför varje match hade Tomas och laget noggranna strategimöten där de diskuterade motståndarnas spelstil och potentiella svagheter. Tomas använde videoklipp från tidigare matcher för att peka ut nyckelspelare och kritiska spelsituationer som laget kunde utnyttja. Under dessa möten uppmanade han spelarna att tänka kritiskt och bidra med egna observationer och idéer, vilket stärkte deras spelförståelse och förståelse för spelets taktiska aspekter.

Varje match i seriespelet fungerade som en testplattform. Laget skulle ställas mot en rad olika motståndare, var och en med sin egen unika stil och taktik. Dessa matcher skulle ge Emmi och hennes lagkamrater chansen att praktiskt tillämpa de strategier de lärt sig under träningarna och gav Tomas värdefull insikt om vilka områden som fungerade och vilka som fortfarande behövde förbättras.

I den första matchen i serien ställdes Emmi och hennes lag mot en känd tuff motståndare. Trots en stark start och ett tidigt ledningsmål från Emmi, kämpade laget med att hålla tätt bakåt. Motståndarna lyckades kvittera i den tredje perioden, vilket tvingade matchen till förlängning. Spänningen var påtaglig, och spelarna kände av pressen. I den avgörande övertidsminuten gjorde Emmi ett djärvt drag och serverade en perfekt passning till Julia, som med ett kraftfullt skott säkrade vinsten för laget. Denna match blev en viktig läropunkt om vikten av uthållighet och fokus under hela spelets längd.

Nästa match var mot deras en annan stor rival. Denna gång var motståndet intensivt från start, och laget hamnade snabbt under med två mål. Det såg mörkt ut, men under andra periodens paus samlade Emmi laget och påminde dem om deras träning och kapacitet att vända spelet. Inspirerade av hennes ledarskap, återvände laget till isen med förnyad energi. Med en serie snabba mål, varav ett var ett spektakulärt soloanfall av Emmi, lyckades de inte bara hämta upp underläget utan även gå ifrån med en övertygande seger. Detta blev en avgörande vändpunkt som stärkte lagets tro på sin egen förmåga och sammanhållning.

Efter varje match samlades laget för en utvärderingssession där de tillsammans med Tomas gick igenom matchvideor. De diskuterade vad som fungerade bra och identifierade misstag för att förstå hur de kunde förbättras till nästa match. Dessa sessioner blev en central del av deras förberedelser och hjälpte till att bygga en öppen och lärande kultur inom laget.

Det var under dessa stunder som laget verkligen började förstå djupet av sitt samarbete och hur varje individs bidrag var avgörande för helheten.

Dessa matcher och erfarenheter berikade laget inte bara med teknisk skicklighet utan också med mental styrka och kamratliga band. Tomas introducerade övningar i mental visualisering och stresshantering, vilka snabbt blev en del av deras dagliga rutiner.

Med varje träning och match växte deras självförtroende, och med varje genomgång kände de sig mer redo att möta vad än världen kunde ha att erbjuda.

Guide 10: Bli bättre på speluppfattning och snabbare i beslutsfattning

Speluppfattning och snabba beslut är avgörande för att lyckas som hockeyspelare. Att kunna läsa spelet, se situationer utvecklas och fatta snabba, effektiva beslut kan göra dig till en mer värdefull spelare på isen. Här är några sätt att träna dessa färdigheter:

1. Studera spelet och analysera matcher

Att titta på matcher och analysera spelet är ett utmärkt sätt att förbättra din speluppfattning. Genom att se hur andra spelare reagerar i olika situationer kan du själv lära dig att se mönster och tänka snabbare under match.

- **Hur du gör:**

  - Titta på professionella matcher eller inspelningar av dina egna matcher.

  - Fokusera på spelare i din position och studera deras beslut: Varför passade de? Varför åkte de i en viss riktning? Hur positionerar de sig utan puck?

  - Försök att förutsäga vad som kommer att hända härnäst i spelet innan det sker. Detta tränar din förmåga att läsa spelet och tänka framåt.

2. Förbättra dina alternativ

Ett snabbt beslut kräver att du har fler än ett alternativ att välja mellan. Ju fler alternativ du är medveten om, desto bättre och snabbare kan du fatta beslut. Träna på att ständigt ha flera alternativ redo i ditt spel.

- **Hur du gör:**
    - o När du har pucken, öva på att alltid ha två till tre passningsalternativ i åtanke. Håll koll på dina medspelare och tänk på flera möjliga vägar att ta.

    - o Spela med tanken: Om mitt första alternativ inte fungerar, vad är min nästa lösning? Genom att alltid ha en "plan B" övar du på att fatta snabba beslut när situationen förändras.

    - o Försök förutse spelet – vad kan hända härnäst? Om pucken vinner eller förloras, vad gör du då?

3. Öva på snabbare reaktionstid

Snabba beslut bygger också på att du har god reaktionsförmåga. Det finns övningar som kan hjälpa dig att reagera snabbare och därmed fatta beslut snabbare under matchen.

- **Hur du gör:**
    - o **Reaktionsboll:** Använd en reaktionsboll (som studsar i oförutsägbara riktningar) och öva på att fånga den snabbt. Detta hjälper dig att utveckla din reaktionstid.

- Passningsövningar: Öva med en vän på snabba passningar. Din vän kan ändra riktning eller tempo när han/hon passar pucken till dig, och du måste anpassa dig snabbt och fatta beslut om hur du ska hantera pucken (passa vidare, skjuta, åka).

- Blinkövningar: Titta på ljussignaler eller objekt som blinkar och reagera snabbt genom att antingen passera eller skjuta mot mål. Det tränar din snabbhet och förmåga att fatta beslut på bråkdelen av en sekund.

4. Utveckla spelförståelse genom fler sporter

Om du vill utveckla din speluppfattning ytterligare kan du prova att spela andra sporter som fotboll, basket, innebandy eller handboll. Dessa sporter tvingar dig att tänka snabbt och fatta beslut i realtid på ett sätt som påminner om hockey, men i en annan kontext.

- **Hur du gör:**

  - Testa att spela en annan lagsport en gång i veckan eller som en del av din off-season-träning. Det hjälper dig att utveckla ditt strategiska tänkande och beslutsfattande i en ny miljö, vilket i sin tur kan förbättra dina hockeykunskaper.

Genom att använda dessa moment i din träning och ditt spel kan du förbättra din speluppfattning och bli snabbare i dina beslut på isen.

Kapitel 11: Serien tar fart

Efter de två första matcherna, som båda slutade med seger för Emmis lag, var stämningen på topp i omklädningsrummet. Lagkamraterna hade fått blodad tand och var fast beslutna att hålla den vinnande trenden vid liv. Men med vetskapen om att serien bara hade börjat, insåg Emmi och hennes vänner att det skulle krävas både hårt arbete och laganda för att fortsätta på samma spår. Tränaren Tomas påminde dem om att: "Seriespelet är en maraton, inte en sprint. Varje match är viktig, och det gäller att hålla fokus hela vägen."

Match 3: En tuff start

Den tredje matchen i serien var mot ett lag som var kända för sin fysiska spelstil. Redan från första nedsläpp märkte Emmi att det här skulle bli en annan typ av utmaning än de två första matcherna. Motståndarna satte press på dem direkt, och det dröjde inte länge innan Emmis lag låg under med 0-2.

Men istället för att ge upp, grävde laget djupt och kämpade sig tillbaka in i matchen. Tränaren gjorde några taktiska justeringar och lät Emmi spela mer defensivt, för att störa motståndarnas offensiv. I slutet av andra perioden lyckades de reducera till 1-2 genom ett snyggt skott av Lina, som hade hittat en lucka i målvaktens högra hörn.

Med bara några minuter kvar av tredje perioden, tog Emmi chansen att bryta en passning i mittzon och satte fart mot målet. Hon gjorde en snabb dragning förbi den sista försvararen och sköt pucken i nät – ett mål som jämnade ut ställningen till 2-2. Trots att de inte lyckades vinna matchen, kändes det som en moralisk seger för laget. De hade visat att de kunde kämpa sig tillbaka, även när det såg mörkt ut.

Match 5: En vändning på hemmaplan

En match senare spelade de på hemmaplan mot ett av topplagen i serien. Det var mycket folk på läktarna, och Emmi kände pirret i magen när hon såg hur hennes föräldrar och vänner hade kommit för att stötta laget. Den här matchen skulle visa sig vara en av de mest minnesvärda under säsongen.

Motståndarna tog ledningen tidigt med 1-0, men det var Emmis lag som styrde spelet. De hade flera chanser, men pucken ville inte in. I andra perioden lyckades motståndarna utöka sin ledning till 2-0 på en kontring, och frustrationen började smyga sig på.

Men när tredje perioden började, hade Emmi och hennes lagkamrater bestämt sig: De skulle inte förlora på hemmaplan. De ökade tempot, pressade motståndarna hårt och till slut kom belöningen. Efter en snabb passning från Lina bakom målet, kunde

Emmi sätta en handledare i krysset och reducera till 1-2.

Med bara några minuter kvar av matchen fick de en utvisning med sig, och tränaren tog timeout. Han bestämde sig för att ta ut målvakten för att satsa allt på ett kort och försöka få in kvitteringen. Det var ett djärvt drag, men det lönade sig. Med en spelare mer på isen, lyckades Emmis lag fånga upp pucken i anfallszon. Efter ett snabbt spel runt motståndarnas mål lyckades Lina slå in kvitteringspucken, och arenan exploderade i jubel. Matchen slutade 2-2, men det kändes som en seger.

Match 8: Revanschlust

Några matcher senare stod de inför ännu en tuff utmaning. De skulle möta det lag som tidigare hade besegrat dem i en försäsongsturnering. Emmi mindes den förlusten väl och kände en stark vilja att få revansch.

Den här gången var det deras tur att ta ledningen tidigt. Efter bara några minuter på isen lyckades Emmi bryta igenom försvaret och sätta första målet. Hela laget spelade med en otrolig intensitet och beslutsamhet. Andra perioden var jämn, och båda lagen hade chanser, men ingen lyckades göra mål.

I tredje perioden kom pressen från motståndarna. De fick ett powerplay och utnyttjade det genom att kvittera till 1-1. Men istället för att låta motståndarnas mål få dem ur balans, samlade Emmi och hennes lagkamrater sig och spelade ännu hårdare.

Med bara minuter kvar av matchen tog Sofie pucken från egen zon och satte fart mot motståndarmålet. Hon lurade försvararen med en snygg dragning och passade pucken snett bakåt till Emmi, som kom farande i full fart. Emmi tvekade inte – hon sköt ett stenhårt direktskott som gick rakt in i mål. Arenan exploderade av jubel, och när slutsignalen gick, hade de vunnit matchen med 2-1.

Sista matchen: Säsongen avgörs

Efter flera hårda matcher var det nu dags för den sista och avgörande matchen i serien. Emmis lag låg på andra plats i tabellen, och en seger skulle säkra andraplatsen, medan en förlust skulle kunna sänka dem till tredje plats.

Matchen började nervöst. Motståndarna var starka och tog ledningen tidigt med 1-0. Men Emmis lag hade varit i den här situationen förut. De visste hur man höll huvudet kallt under press. I mitten av andra perioden lyckades de kvittera efter att ha dominerat spelet i flera minuter. Emmi lade en perfekt passning till Lina som styrde in pucken i mål.

Tredje perioden blev en kamp. Båda lagen hade chanser, men målvakterna stod emot allt som kom deras väg. Med bara några sekunder kvar på klockan såg det ut som om matchen skulle sluta oavgjort. Men precis när klockan tickade ner till de sista sekunderna, lyckades en av Emmis lagkamrater, Julia sno åt sig pucken och slå en lång passning till Emmi, som kom farande i full fart mot motståndarmålet. Hon siktade, sköt – och pucken gick in! Segermålet kom precis innan slutsignalen, och med det hade de säkrat sin andraplats i serien.

När slutsignalen gick i den sista seriematchen, fylldes omklädningsrummet med glädje och lättnad. De hade kämpat genom hela säsongen, övervunnit utmaningar och visat att de kunde hålla ihop som ett lag, även under press. Deras andraplats i serien var en stor prestation, och laget firade den välförtjänt.

Guide 11: Håll dig i form mentalt och fysiskt under säsongen

För att prestera på topp under hela hockeysäsongen är det viktigt att ta hand om både kropp och sinne. Här är några nyckelstrategier för att hålla dig i form, med fokus på rätt mat, effektiv återhämtning och mental hälsa.

1. Rätt näring för optimal prestation

Maten du äter har en direkt påverkan på din prestation, återhämtning och energi under hela säsongen. En balanserad kost ger din kropp det bränsle den behöver för att orka träna och spela intensivt.

- **Ät tillräckligt med kolhydrater:** Kolhydrater är din viktigaste energikälla, särskilt innan matcher och träningar. Välj långsamma kolhydrater som fullkornspasta, havregryn, brunt ris och sötpotatis, som ger långvarig energi.

- **Fyll på med protein:** Protein hjälper till att bygga och reparera muskler efter träning och matcher. Bra proteinkällor är kyckling, fisk, ägg, bönor och magert kött. Försök att inkludera en proteinkälla i varje måltid.

- **Fett för uthållighet:** Hälsosamma fetter som finns i avokado, olivolja, nötter och fet fisk är viktiga för hormonbalans och långvarig energi.

- **Hydrering är nyckeln:** Drick tillräckligt med vatten före, under och efter träning/matcher. Bra hydrering hjälper musklerna att återhämta sig och håller kroppen i balans. Se till att dricka även när du inte är törstig – törst kan vara ett sent tecken på uttorkning.

- **Före match/mål:** Ät en kolhydratrik måltid 3–4 timmar före matchen för att fylla på energidepåerna. Kombinera med en mindre måltid/snack som innehåller protein och kolhydrater cirka 1–2 timmar före matchstart, till exempel en banan med jordnötssmör eller en smoothie med havregryn.

- **Efter match/återhämtning:** Fyll på med både protein och kolhydrater direkt efter match eller träning (inom 30–60 minuter). En proteindrink, yoghurt med bär eller en smörgås med kyckling är bra alternativ för att hjälpa kroppen att återhämta sig och bygga muskler.

2. Effektiv återhämtning för att undvika skador

Återhämtning är en avgörande del av din träning. Att ge din kropp tillräckligt med tid och rätt förutsättningar att återhämta sig mellan matcher och träningar är nyckeln till att hålla sig skadefri och orka med en lång säsong.

- **Sömn – din bästa återhämtning:** Sikta på 8–9 timmars sömn per natt. Under sömnen reparerar kroppen muskler, återställer energin och förbereder sig för nästa dags utmaningar. God sömn förbättrar också den mentala förmågan och hjälper dig att fatta snabba beslut på isen.

- **Stretching och foam rolling:** Efter varje träning eller match, stretcha ordentligt för att öka flexibiliteten och minska stelheten i musklerna. Foam rolling är också en utmärkt metod för att massera trötta muskler och påskynda återhämtningen. Fokusera särskilt på benmusklerna, höfter och rygg.

- **Aktiv vila:** När du har en vilodag, håll dig ändå lätt aktiv för att hålla igång blodcirkulationen och hjälpa kroppen att återhämta sig. Promenader, simning eller lätt cykling är bra former av aktiv vila som förbättrar cirkulationen utan att slita på kroppen.

- **Lyssna på kroppen:** Känn efter hur kroppen mår och var inte rädd för att vila helt när du känner dig trött eller sliten. Det är viktigt att lyssna på kroppens signaler.

3. Mental hälsa och återhämtning

Hockeysäsongen kan vara lång och både fysiskt och mentalt krävande. Att ta hand om ditt mentala välbefinnande är lika viktigt som att hålla kroppen i form. Här är några tips för att hålla huvudet klart och stressnivåerna under kontroll:

- **Mental nedvarvning efter matcher:** Efter intensiva matcher eller träningar kan det vara svårt att varva ner. Ge dig själv tid att koppla av mentalt genom att fokusera på avslappningstekniker som djupandning eller mindfulness. Det hjälper dig att släppa eventuell stress och återfå fokus inför nästa match.

- **Sätt upp realistiska mål:** Sätt både kortsiktiga och långsiktiga mål för säsongen. Att ha mål som du aktivt arbetar mot hjälper dig att hålla motivationen uppe och ger dig något att fokusera på, vilket minskar känslan av press.

- **Visualisering:** Innan matcher, använd visualiseringstekniker för att se dig själv lyckas. Föreställ dig hur du gör ett avgörande mål, eller hur du hanterar en svår situation på isen. Det ger dig en mental förberedelse och ökar ditt självförtroende.

- **Ta pauser för att undvika mental utmattning:** Ge dig själv tid att tänka på annat än hockey. Umgås med vänner, läs en bok eller ägna dig åt något annat du tycker om. Detta hjälper dig att ladda om mentalt och minskar risken för utbrändhet.

4. Håll balansen genom hela säsongen

Att hålla balansen mellan träning, återhämtning och vardagsliv är avgörande för att hålla sig frisk och motiverad under hela säsongen. Här är några sista tips för att hålla den balansen:

- **Planera dina veckor:** Organisera dina tränings- och vilodagar i förväg. Se till att du får in både högintensiva träningspass och tillräckligt med återhämtning. Planera även in tid för skola, arbete eller fritid, så att du inte känner dig överväldigad.

- **Var konsekvent:** Håll fast vid din rutin när det gäller mat, träning och återhämtning. Genom att vara konsekvent och hålla dig till dina vanor blir det lättare att hålla energin och motivationen uppe under hela säsongen.

- **Var flexibel när det behövs:** Även om planering är viktig, var också beredd att justera dina rutiner om kroppen signalerar trötthet eller om livet utanför hockeyn (t.ex. skolan) kräver mer tid. Flexibilitet är nyckeln till att hålla balansen.

- **Kommunicera med ditt lag och din tränare:** Om du känner att något påverkar din prestation eller mentala hälsa, tveka inte att prata med din tränare eller lagkamrater. De kan erbjuda stöd och förståelse under säsongen, vilket kan hjälpa dig att hitta rätt balans.

Genom att följa dessa tips kan du hålla dig stark och motiverad under hela säsongen och prestera på topp, både fysiskt och mentalt. Lycka till!

Kapitel 12: Den Stora Utmaningen

En kylig morgon i februari samlades hela laget i omklädningsrummet för ett extraordinärt möte som tränare Tomas hade kallat till inför träningen. Spänningen var påtaglig när alla viskade och gissade vad nyheten kunde vara. När Tomas äntligen kom in med ett stort leende och en tjock mapp under armen, blev rummet tyst.

"Jag har fantastiska nyheter," började Tomas. "Vi har blivit inbjudna till en internationell turnering nästa månad. Det är en stor möjlighet för oss att visa vad vi kan och mäta oss med några av de bästa lagen i världen."

Ett utbrott av jubel fyllde rummet. Spelarna kramade varandra, fulla av entusiasm och stolthet över den möjlighet de fått. Men när jublet lagt sig och Tomas började prata om detaljerna för turneringen, infann sig en känsla av realism. Laget skulle behöva förbereda sig noggrant och intensivt för att kunna prestera på sin högsta nivå.

Som en av lagets mest erfarna spelare, kände Emmi en stark känsla av ansvar att leda och inspirera sina lagkamrater. Hon visste att varje spelare skulle spela en avgörande roll i lagets framgång, men som ledare kände hon också trycket att visa vägen och hålla laget fokuserat och motiverat.

"Vi kommer att behöva jobba hårdare än någonsin," sade Emmi till laget under deras första träning efter nyheten. "Men jag vet att vi kan göra det här. Vi stödjer varandra och ger allt vi har, så jag är säker på att vi kan stå upp mot vilket lag som helst."

Under de följande veckorna trappades träningarna upp. Tomas införde nya övningar som specifikt syftade till att förbättra lagets snabbhet och taktiska skicklighet. De analyserade videor av potentiella motståndare och tränade på specifika speluppställningar och försvarstaktiker.

Emmi spenderade extra tid på isen för att finslipa sina egna färdigheter och för att hjälpa sina lagkamrater med deras teknik. Hon kände att hennes förmåga att läsa spelet och göra snabba beslut skulle vara kritisk i de internationella matcherna.

Trots det hårdnande schemat och den ökande tröttheten, kände laget en stark gemenskap. De visste att de inte bara representerade sin klubb, utan också sitt land, och den tanken gav dem en extra dos av motivation.

När dagen för avfärd till turneringen närmade sig, blandades spänningen med nervositet. För många av spelarna var det första gången de skulle tävla i en så stor arena, mot lag från andra länder med olika spelstilar.

Tomas tog sig tid att prata med varje spelare, särskilt de yngre och mindre erfarna, för att förstå deras oro och peppa dem. Emmi följde Tomas exempel och delade med sig av sina egna erfarenheter och de strategier hon använde för att hantera nervositet.

Innan laget skulle kliva på flygplanet samlade Tomas hela laget för en sista pepp-talk. "Oavsett vad som händer i turneringen," sade han, "så ska vi vara stolta över hur långt vi har kommit och allt arbete vi har lagt ner. Vi är redo, och vi kommer att göra vårt allra bästa. Låt oss gå och visa dem vad vi kan, nu lyfter vi!"

Med Tomas ord ekande i deras öron, steg laget på flygplanet fyllda av förväntan och redo att möta den stora utmaningen. De visste att de hade förberett sig så gott de kunde och att de hade varandra att lita på. Det här var deras chans att verkligen visa världen vad de gick för.

Guide 12: Träna kondition hemma för hockeyspelare

Konditionsträning är viktigt för att kunna hålla ett högt tempo genom hela matchen. Med god kondition kan du återhämta dig snabbare mellan byten och hålla uppe intensiteten i ditt spel.

1. Intervallträning (HIIT)

Intervallträning är ett av de bästa sätten att förbättra din kondition och uthållighet. Det efterliknar hockeyns intensiva tempo med snabba ruscher och korta vilopauser.

- **Hur du gör:**
    - Värm upp genom att jogga lätt i 5 minuter.
    - Sprinta i 30 sekunder så snabbt du kan.
    - Vila genom att gå eller jogga långsamt i 60 sekunder.
    - Upprepa 8–10 gånger.
    - Avsluta med 5 minuter nedvarvning.

2. Stegträning (Step-ups)

Step-ups tränar benen och förbättrar din uthållighet, samtidigt som det bygger styrka i de muskler du använder för att åka skridskor.

- **Hur du gör:**
    - Ställ dig framför en stabil bänk eller trappa.

- o Kliv upp med ena benet och tryck ifrån tills du står på bänken.
- o Kliv ner igen och upprepa på andra benet.
- o Gör 3 set med 12–15 steg per ben.

3. Flexibilitet och återhämtning

Att vara rörlig och flexibel är viktigt för att undvika skador och hålla kroppen i toppform. Avsluta varje träningspass med stretching för att förbättra din rörlighet och hjälpa kroppen att återhämta sig.

4. Stretching

Sträck ut de stora muskelgrupperna – lår, vader, rygg och axlar – för att hålla dem mjuka och flexibla.

- **Hur du gör:**
  - o Gör varje stretch i 20–30 sekunder och andas djupt.
  - o Fokusera på att stretcha de områden som känns strama efter träningen, till exempel framsida-, baksidalår och vader efter benövningar.

Med de här övningarna kommer du fysiskt välförberedd till träning, match eller cup.

Kapitel 13: Att Bygga Laganda

Turneringen startade med höga förväntningar, men det dröjde inte länge förrän Emmi och hennes lag stötte på utmaningar som testade deras styrka och samarbetsförmåga. De första matcherna var tuffare än väntat, med motstånd från lag som hade spelat tillsammans i flera år och vars samspel på isen var synkroniserat till perfektion. Efter några initiala förluster kände Emmi hur lagmoralen började sjunka, och hon insåg att de behövde något mer än bara träning för att vända saker till det bättre.

Emmi kände att en stark laganda var nyckeln till att komma tillbaka starkare. Hon tog ett snack med tränare Tomas och tillsammans kom de överens om att integrera fler lagbyggande aktiviteter utanför isen. Planen var att dessa aktiviteter inte bara skulle stärka lagandan utan också ge spelarna en välbehövlig mental paus från den ständiga pressen av turneringsspel.

Den första aktiviteten de organiserade under deras lediga eftermiddag var en utflykt till en närliggande naturpark. Det var en perfekt solig dag, och laget tillbringade timmar tillsammans med att, vandra, skämta, och bara prata allmänt med varandra. Skratten och samvaron i den avslappnade miljön verkade lyfta alla spelares sinnesstämning.

Vid återkomsten till hotellet fortsatte de med en annan aktivitet som Emmi och Tomas hade planerat:

en gemensam middag där alla bidrog. Varje spelare fick i uppgift att hjälpa till med att förbereda en del av måltiden en grupp tog hand om förrätten, en annan om huvudrätten och den tredje efterrätten, detta gjorde inte bara kvällen rolig utan också pedagogisk, då många lärde sig nya färdigheter i köket. Kvällen avslutades med berättelser och delning av personliga mål och drömmar, vilket gjorde att laget kände sig mer sammansvetsat än någonsin.

Match 3: Första segern

Efter teambuilding-sessionen, där laget också hade pratat ut om sina farhågor och frustrationen över de två inledande förlusterna, var det ett mer sammansvetsat gäng som klev ut på isen för sin tredje match i turneringen. Tränaren hade betonat vikten av att hålla sig till spelplanen och fokusera på sitt eget spel istället för att oroa sig för motståndarna.

Motståndarna i denna match var ett lag från Finland, kända för sin starka defensiv och snabba kontringar. Emmi och hennes lagkamrater visste att de behövde spela smart och utnyttja sina chanser.

Matchen började i ett högt tempo. Båda lagen bytte chanser med varandra, men det var Emmis lag som först fick hål på motståndarna. Efter ett snyggt uppspel från försvaret kunde Emmi bryta igenom i mittzon och passade pucken till Julia, som befann sig

111

i ett perfekt läge framför mål. Julia drog pucken åt sidan och lyfte in den högt över målvaktens plockhandske – 1-0!

Den tidiga ledningen gav laget självförtroende, och de fortsatte att spela disciplinerat. I andra perioden fick Emmis lag ett powerplay, och de utnyttjade det maximalt. Med ett snabbt passningsspel kunde de öppna upp försvaret, och Julia serverade pucken till Emmi, som stod redo vid bortre stolpen. Emmi tryckte in pucken i öppet mål – 2-0!

Trots att det finska laget pressade hårt i tredje perioden, höll Emmis lag undan och kunde till slut säkra sin första seger i turneringen med 2-1. Glädjen i omklädningsrummet var enorm – de hade bevisat för sig själva att de kunde vinna.

Match 4: Segertåget rullar in

Nästa match var mot ett tjeckiskt lag, detta var en perfekt möjlighet för Emmi och hennes lag att visa hur mycket de hade utvecklats.

Tjeckiska laget började starkt och satte press direkt. Men den här gången stod Emmis lag emot och försvarade sig mycket bättre. Emmi själv var överallt på isen, jagade puckar, tacklade och hjälpte till i försvaret. Försvarsspelet ledde till att de kunde vända spelet snabbt och skapa chanser framåt.

I mitten av första perioden kom det avgörande läget. Emmi snappade upp en lös puck i egen zon och satte fart uppåt. Med en perfekt passning hittade hon Lina på andra sidan av isen. Lina åkte förbi en back och skickade pucken mellan målvaktens ben – 1-0!

Tjeckiska laget svarade snabbt och kvitterade genom en styrning framför mål, men Emmi och hennes lagkamrater tappade inte fokus. I tredje perioden fick de en ny chans när en av tjeckerna åkte ut på en utvisning. Denna gång var det Emmi som tog saken i egna händer. Hon sköt ett hårt skott från blålinjen som styrdes av en tjeckisk spelare rakt in i eget mål – 2-1!

Resten av matchen blev en försvarskamp. Motståndarna pressade på för en kvittering, men målvakten Anna, i Emmis lag gjorde några avgörande räddningar, och försvaret spelade felfritt. När slutsignalen ljöd, kunde Emmis lag jubla över ännu en seger!

Match 5: En tuff utmaning

Den femte matchen i turneringen ställde Emmis lag mot ett kanadensiskt lag, som hade dominerat sina tidigare matcher. De var starka, snabba och tekniskt skickliga – en av favoriterna att vinna hela turneringen.

Emmis lag visste att de behövde spela på topp för att ha en chans. De började matchen med hög intensitet, och trots kanadensarnas styrka, lyckades de hålla spelet jämnt i den första perioden. Lina var en ständig fara för motståndarna, och Emmi jobbade hårt både offensivt och defensivt.

I andra perioden tog kanadensarna ledningen efter ett snabbt anfall där de kombinerade sig fram genom Emmis försvar och satte pucken i nät. Men istället för att falla ihop, höjde Emmis lag sitt spel. De fortsatte att skapa chanser, och i slutet av perioden fick de utdelning. Efter en kämpainsats i offensiv zon, där de lyckades hålla pucken kvar efter flera försök från kanadensarna att få ut den, fick Emmi tag i pucken och spelade fram Sofie, som stänkte in kvitteringen – 1-1!

Tredje perioden blev en kamp. Kanadensarna pressade på, men Emmis lag försvarade sig tappert. Med bara några minuter kvar fick Emmis lag ett powerplay. Det var deras chans att avgöra matchen. De satte upp sitt powerplay-spel och började snurra runt kanadensarnas zon. Pucken gick från spelare till spelare tills den nådde Emmi vid blålinjen. Hon lade pucken på mål, och efter en retur kunde Lina slå in segermålet – 2-1!

Glädjen var enorm när slutsignalen gick. De hade besegrat ett av turneringens starkaste lag och var nu bara en match från att nå slutspelet.

Match 6: Kampen om en slutspelsplats

Den sista gruppspelsmatchen skulle avgöra om Emmis lag skulle ta sig vidare till slutspelet. De mötte ett tyskt lag som också spelade för en plats i kvartsfinalen, så båda lagen visste att det skulle bli en tuff kamp.

Matchen började i ett högt tempo, och båda lagen spelade med mycket energi. Tyskarna var tunga och fysiska, vilket gjorde det svårt för Emmi och hennes lag att skapa klara målchanser. Första perioden slutade mållös, men spänningen var påtaglig.

I andra perioden lyckades tyskarna ta ledningen efter ett stenhårt slagskott från blålinjen som gick in via stolpen. Men precis som i tidigare matcher visade Emmis lag upp en fantastisk laganda och vägrade ge upp. De fortsatte att kämpa för varje puck, och i mitten av perioden kom kvitteringen. Emmi bröt ett uppspel i mittzonen, åkte sig fri och sköt ett välplacerat skott rakt upp i krysset – 1-1!

Den tredje perioden blev en nagelbitare. Båda lagen hade chanser att avgöra, men målvakterna stod emot allt. Med bara några minuter kvar fick Emmis lag ännu en gång chansen i powerplay. Pressen var enorm, men laget lyckades hålla huvudet kallt. Efter en fin sekvens av passningar hamnade pucken hos Emmi, som såg Lina stå fri framför mål. Med en snabb passning hittade hon Lina, som direktsköt pucken i mål – 2-1!

Emmis lag höll undan de sista minuterna, trots att tyskarna tog ut målvakten och satsade allt framåt. När slutsignalen gick, exploderade jublet från Emmis lag – de hade säkrat sin plats i slutspelet!

Guide 13: Nycklar till bra försvarsspel i hockey

Att vara en effektiv försvarsspelare handlar inte bara om att stoppa motståndarna, utan också om att läsa spelet, positionera sig rätt och skapa snabba spelvändningar för ditt lag. Här är några viktiga grundprinciper för bra försvarsspel:

1. Positionering och speluppfattning

Bra försvarsspel börjar med rätt positionering. Genom att placera dig strategiskt kan du läsa spelet bättre och förhindra farliga chanser.

- **Var mellan pucken och målet:** Din första prioritet som försvarare är att alltid vara mellan motståndaren och ditt eget mål för att blockera deras väg.

- **Läs spelet:** Håll huvudet uppe och läs vad som händer på isen. Förutse nästa drag från motståndarna och var redo att agera innan de får en chans.

2. Håll koll på kropp och klubba

Att använda både kropp och klubba effektivt är avgörande för att lyckas som försvarare.

- **Använd kroppen smart:** Positionera dig så att du kan använda kroppen för att skära av motståndarnas väg eller pressa dem mot sargen.

- **Placera klubban rätt:** Håll din klubba lågt på isen och använd den för att täcka passningsbanor, minska ytan för den anfallande spelaren och störa puckhanteringen eller vinna pucken genom poke checks (sticka till pucken för att ta den från motståndaren).

3. Kommunikation och samarbete

Försvarsspel handlar inte bara om din egen prestation – det handlar också om att samarbeta med målvakten och dina medspelare.

- **Prata med dina lagkamrater:** Se till att du och dina lagkamrater alltid kommunicerar. Ropa om du tar över en markering eller behöver hjälp. Enkla kommandon som "jag tar pucken" eller "täcker vänster" gör att ni kan samarbeta bättre.

- **Hjälp målvakten:** Rensa bort pucken och håll motståndarna borta från målgården. Om det uppstår farliga returer, se till att rensa bort pucken och ge målvakten fri sikt.

4. Spela disciplinerat

Disciplin är avgörande för att vara en bra försvarare. Försök att undvika utvisningar och panikspel.

- **Undvik onödiga utvisningar:** Var noga med klubban och undvik hakningar, fasthållningar och höga klubbor. En utvisning i försvarszon kan ge motståndarna stora fördelar.

- **Stressa inte:** Håll dig lugn även under press. Hetsa inte fram tacklingar eller passningar – ta ett extra

118

ögonblick för att hitta bästa möjliga lösning,
använd dina tekniker från träningarna för att skapa
dig själv tid.

5. Stäng av spelvändningar och snabba uppspel

Som försvarare är en av dina viktigaste roller att bryta
motståndarnas anfall och vända spelet.

- **Stäng mittzonens passningar:** Förhindra att
  motståndarna får möjlighet att spela sig igenom
  mittzonen. Håll din position och var beredd att
  bryta uppspel eller blockera passningsvägar, läs av
  motståndarens blick, vart passningen kan tänkas
  komma.

- **Sätt igång snabba uppspel:** När du vunnit pucken,
  var snabb med att sätta igång spelet. Leta efter
  enkla passningar till dina medspelare och ge ditt
  lag en chans till en snabb kontring.

Genom att fokusera på dessa grundläggande aspekter kan
du förbättra ditt försvarsspel och hjälpa ditt lag att hålla
motståndarna borta från målet. Lycka till!

Kapitel 14: Slutspelsspänning

Kvartsfinalen: En test av modet

Efter att ha säkrat sin plats i slutspelet var spänningen hög i laget. Kvartsfinalen skulle bli deras största utmaning hittills, och de visste att de skulle möta ett mycket starkt lag från Slovakien, känt för sitt tekniska spel och sin fysiska styrka.

När pucken släpptes var det som om isen glödde av intensitet. Båda lagen visste vad som stod på spel, och spelet började i ett rasande tempo. Slovakiskorna tog tidigt kontroll över pucken och började pressa hårt mot Emmis försvar. Deras snabba passningsspel tvingade Emmis lag att försvara sig med all kraft.

Första perioden slutade mållös, men det var tack vare målvakt Anna, som gjorde några spektakulära räddningar. I omklädningsrummet pratade tränaren lugnt med laget, betonade att de behövde fortsätta hålla sig till sin spelplan och inte låta sig skrämmas av Slovakiskornas hårda spel.

I andra perioden började Emmis lag hitta sitt eget spel. De började vinna fler puckar i mittzon och kunde etablera anfall i Slovakiskornas zon. Efter att ha snurrat runt i anfallszonen i några minuter, lyckades Emmi få tag på pucken bakom mål och spela den ut till Julia, som stod fri framför målet. Med ett snabbt skott satte Julia pucken i nät – 1-0!

Men glädjen var kortvarig. Slovakiskorna svarade snabbt och bara två minuter senare kvitterade de genom ett hårt slagskott från blålinjen som letade sig genom trafiken framför mål. Det blev en hård kamp för varje puck och båda lagen hade flera chanser att ta ledningen. Perioden slutade 1-1 och spänningen var nästan outhärdlig.

I tredje perioden fortsatte dramatiken. Båda lagen spelade med hög intensitet och försvarade sig väl. Det såg länge ut som att matchen skulle gå till förlängning, men med bara två minuter kvar på klockan kom avgörandet. När Sofie hade pucken blev hon kraftigt hakad av en Slovakisk spelare och domaren lyfte upp sin hand innan hon blåste för en utvisning. Emmis lag fick ett drömläge i powerplay i slutet av matchen, en situation de hade varit framgångsrika i tidigare vilket Emmi betonade för laget.

De satte upp sitt powerplay-spel och med bara sekunder kvar av utvisningen skickade Emmi ett välriktat skott från blålinjen mot mål. Pucken studsade på en Slovakisk försvarare och hamnade rakt framför Lina, som inte tvekade och tryckte in den i nätet – 2-1!

De sista minuterna blev en försvarskamp där Slovakiskorna gjorde allt för att kvittera. Men Emmis lag stod emot och när slutsignalen gick, utbröt vilt jubel. De hade klarat av kvartsfinalen och var nu vidare till semifinal!

Semifinalen: En kamp mot de mentala spökena

Efter den tuffa kvartsfinalen väntade nu en minst lika svår motståndare – ett lag från USA som spelade med både kraft och skicklighet. USA-laget var snabba på skridskorna och hade ett starkt kollektiv, men Emmis lag hade nu självförtroendet på topp.

Semifinalen började som väntat i högt tempo. USA-laget satte direkt press på Emmis försvar, men laget stod upp bra och höll undan under den första anstormningen. Emmi själv var ständigt i rörelse och visade ledarskap både i defensiven och offensiven.

I mitten av första perioden tog USA-laget ledningen efter ett snabbt anfall där de utnyttjade en lucka i Emmis försvar. Ett snabbt pass tvärs över isen och ett direktskott som målvakten inte hade en chans att rädda – 0-1.

Men Emmis lag hade lärt sig att inte låta sig nedslås av ett underläge. De började kämpa sig in i matchen och lyckades snart ta över initiativet. Bara några minuter efter USA-lagets ledningsmål fick Emmis lag en chans på kontring. Julia bröt en passning i mittzonen och skickade pucken till Emmi, som såg en lucka i försvaret och åkte rakt igenom. Med en snabb

dragning lurade hon målvakten och satte pucken i nät
– 1-1!

Spänningen och pressen var enorm, och varje spelare visste att minsta misstag kunde kosta dem matchen. Det var under denna högtryckssituation som en konflikt blossade upp återigen mellan Emmi och Lina.

Lina, en snabb och tekniskt skicklig forward, hade fortfarande en tendens att hålla i pucken lite för länge, något som ofta skapade frustration bland hennes lagkamrater. Under en kritisk period i matchen valde Lina att inte passa pucken till Emmi, som var fri framför mål, och valde istället att skjuta ett svagt skott som lätt räddades av motståndarmålvakten.

"Varför passade du inte?" frågade Emmi irriterat när de återvände till bänken.

Lina såg irriterad ut. "Jag trodde jag hade en bättre chans att göra mål själv," svarade hon kort.

"Vi måste spela som ett lag, Lina! Det där var själviskt spelat", sa Emmi, hennes ton var högre än hon avsett.

Linas ansikte stelnade. "Du är inte lagkapten, Emmi. Sluta agera som att du bestämmer över alla."

Ordväxlingen fortsatte, och spänningen mellan de två spelarna var tydlig. Tränare Tomas, som observerade ordväxlingen, kände att han behövde ingripa innan det eskalerade ytterligare. "Nu måste vi agera enat, som ett starkt lag där alla spelare behövs och där vi gör varandra bättre. Den situationen är förbi nu vi kan inte påverka den, vi kan bara fokusera på att hantera nästa på ett bättre sätt, fokus på nästa byte nu", sa han med lite skarp röst.

Matchen blev alltmer intensiv och båda lagen skapade farliga chanser. Målvakterna fick visa vad de gick för och gjorde flera viktiga räddningar. I tredje perioden ökade pressen från båda lagen, men det var Emmis lag som lyckades dra nytta av ett misstag. USA-lagets försvarare tappade pucken bakom eget mål och Julia var snabbt där och snappade upp den. Hon skickade en snabb passning till Emmi som sköt direkt – pucken gick in vid stolpen – 2-1!

Med bara minuter kvar av matchen försökte USA-laget desperat att kvittera genom att också ta ut målvakten, men Emmis lag spelade disciplinerat och lyckades vinna pucken genom Sofie, som spelade den vidare till Lina som transporterade pucken en bit innan hon tryckte in 3-1 i tom målbur. När slutsignalen ljöd, var glädjen obeskrivlig – de var klara för final!

Efter matchen, som laget lyckligtvis vann med knapp marginal, sammankallade Tomas till ett privat möte med Emmi och Lina. I det lilla konferensrummet i ishallen satt de tre tillsammans för att reda ut situationen.

"Det här är inte första gången ni två har hamnat i konflikt," började Tomas. "Jag förstår att känslorna kan koka över under en match, men vi måste hitta ett sätt för er att kommunicera bättre."

Emmi tog ett djupt andetag. "Jag är ledsen för hur jag uttryckte mig, Julia. Jag borde ha hanterat det bättre."

Julia nickade, hennes blick mjuknade. "Och jag borde ha lyssnat på dig. Jag vet att jag kan bli för självisk ibland."

Finalen: En avgörande strid

Det var dags för finalen – en match som skulle bli kulmen på Emmis lag fantastiska turnering. De stod mot ett kanadensiskt lag som de redan hade mött och besegrat i gruppspelet, men de visste att den här matchen skulle bli ännu tuffare.

Finalen började precis som förväntat, med båda lagen som satte hög press från början. Kanadensarna spelade med stor beslutsamhet och det dröjde inte länge innan de tog ledningen med 1-0 efter ett vackert anfall där de passade sig igenom Emmis försvar.

Men Emmis lag visade varför de hade tagit sig till final. De höjde spelet och började skapa egna chanser. I slutet av första perioden fick de ett powerplay och lyckades utnyttja det. Efter ett snabbt spel i anfallszon kunde Emmi skjuta ett skott från blålinjen som styrdes in av Julia – 1-1!

I andra perioden fortsatte kampen. Båda lagen hade sina stunder, men det var Emmis lag som lyckades ta ledningen. Efter ett långvarigt tryck i anfallszon, där de snurrade runt kanadensarnas mål, hittade Lina en fri yta och fick en passning från Emmi. Med ett snabbt handledsskott satte hon pucken i nät – 2-1!

Men kanadensarna gav inte upp. De kom tillbaka starkt i tredje perioden och pressade hårt för en kvittering. Med bara fem minuter kvar på klockan lyckades de till slut få in pucken efter en rörig situation framför mål – 2-2. Det såg ut som att matchen skulle gå till förlängning.

Mitt i finalens tredje period, med ställningen 2-2 och bara några minuter kvar på klockan, kände Emmi hjärtat bulta hårt i bröstet. Svetten rann under hjälmen, och varje andetag kändes tungt och laddat med både anspänning och beslutsamhet. Hon sneglade runt på sina lagkamrater – Lina, Julia och backarna Sofie och Sigrid som kämpade för varje puck, och målvakten Anna, som hade räddat dem gång på gång. "Vi har kommit så långt," tänkte hon, "vi kan inte låta det glida oss ur händerna nu." Hon visste att de behövde ge allt på slutet, varje passning och varje skott. Tankarna fladdrade till hur de hade startat turneringen med förluster, hur de hade kämpat sig tillbaka, och nu var det dags att visa vad de var gjorda av. "Vi kan göra det här," sa hon tyst för sig själv och grep klubban hårdare. "Vi kommer att vinna."

Emmis lag hade en sista kraftansträngning kvar. Med bara en minut kvar av ordinarie tid fick de ett anfall där hela laget var involverat. Pucken gick från spelare till spelare tills den nådde Lina, som stod vid blålinjen. Hon började dribbla och tog sig förbi två spelare, hon sköt ett hårt handledsskott som målvakten räddade, men på returen dök Emmi upp och slog in pucken – 3-2!

De sista sekunderna var nervkittlande, men Emmis lag lyckades hålla undan och när slutsignalen ljöd var det som om tiden stannade för ett ögonblick.

Sedan exploderade isen i ett hav av jubel. Emmi släppte klubban, kastade av sig handskarna och omfamnade sina lagkamrater, alla skrikande av lycka. Glädjetårar fyllde hennes ögon när hon insåg vad de just hade åstadkommit. Efter alla timmar av träning, alla svåra matcher och alla stunder av tvekan, hade de äntligen vunnit. Arenan fylldes av publikens vrål och lagets otyglade eufori.

De hade gjort det – de var mästare, och känslan var helt överväldigande. Emmi kände en våg av stolthet, gemenskap och ren glädje som hon visste att hon skulle bära med sig för alltid.

De hade vunnit turneringen, mot alla odds! Det var ett ögonblick som ingen av dem någonsin skulle glömma – ett ögonblick av triumf, laganda och beviset på att hårt arbete och samarbete kan leda till storhet.

Prisutdelningen var ett magiskt ögonblick. Emmi stod med sitt lag på prispodiet, fortfarande andfådd efter finalens intensitet, medan publiken applåderade och hejade. När pokalen räcktes över till henne, bröt hela laget ut i ett öronbedövande jubel. Emmi höjde pokalen högt över huvudet, och konfetti regnade ner över dem. Emmi kunde inte sluta le när hon fick sin medalj, ett gyllene bevis på allt de hade uppnått tillsammans.

Firandet fortsatte i hallen efter prisutdelningen. Laget omfamnade varandra, skrattade och skojade, alla fyllda av en eufori som inte ville avta. Föräldrar och vänner strömmade in på isen, och alla ville ta bilder och dela ögonblicket. Det var en kväll fylld av glädje, stolthet och gemenskap – en kväll de skulle minnas för alltid. I det ögonblicket kändes det som om all ansträngning hade varit värt det, Emmis tankar for fram och tillbaka i huvudet, var det här början eller en fortsättning på deras gemensamma resa tillsammans, strunt samma, "Vi är mästare, Vi är mästare igen", vrålade hon.

Inne i omklädningsrummet tittade Emmi och Lina på varandra, de började skratta samtidigt som de kramade om varandra, "Vi är grymma", sa de samtidigt, och skrattade igen. De hade lärt sig värdefulla lektioner om samarbete, kommunikation och respekt, och hur sådana färdigheter var lika viktiga, somhockeykunskaperna på isen. Deras resa från konflikt till samarbete hade inte bara förbättrat deras egna prestationer utan även stärkt hela lagets sammanhållning.

Guide 14: Nycklar till bra anfallsspel i hockey

Anfallsspel handlar om mer än att bara göra mål – det kräver snabbhet, kreativitet och förmågan att samarbeta med sina medspelare. Här är några viktiga grundprinciper för effektivt anfallsspel i hockey.

1. Rörelse utan puck

Att vara farlig som anfallare innebär att du ständigt rör dig och skapar ytor, även när du inte har pucken. Att stå still gör dig lättare att markera och försämrar dina chanser att skapa lägen.

- **Skapa ytor för dig själv och andra:** Rör dig ständigt för att dra med dig försvarare och öppna upp ytor för dina medspelare. Växla mellan att gå djupt i anfallszon och att spela lite högre upp för att skapa bättre passningsalternativ.

- **Läs spelet:** Förutse var pucken kommer att hamna och var beredd att agera. Genom att alltid vara i rörelse blir du mer svårfångad för försvaret och ökar chansen att vara på rätt plats vid rätt tidpunkt.

2. Snabba passningar och kombinationer

Snabba, precisa passningar är nyckeln till att slå ut motståndarens försvar. Spela enkelt och snabbt för att skapa målchanser.

- **Håll pucken i rörelse:** Försök att hålla spelet flytande genom att snabbt passa vidare pucken istället för att hålla i den för länge. Snabb

132

puckförflyttning skapar osäkerhet hos försvaret och öppnar upp möjligheter.

- **Använd väggspel:** Spela pucken förbi motståndare genom väggspel (direktpass), för att sätta fart på spelet och för att snabbt kunna slå dig förbi en försvarare.

- **Jobba med trianglar:** Försök alltid att vara i en triangel med två andra medspelare. Detta ger fler passningsalternativ och gör det svårare för motståndarna att försvara sig effektivt.

3. Skott och avslut

Att göra mål kräver att du tar tillvara på de chanser som dyker upp. Var redo att skjuta så snart du har möjlighet.

- **Skjut snabbt:** När du får en bra chans, tveka inte – skjut direkt. Målvakterna har mindre tid att reagera på snabba avslut, och det ökar chansen för mål eller returer.

- **Variera skotten:** Målvakter lär sig snabbt att läsa spelare som alltid skjuter på samma sätt. Variera skotten och placeringen av skotten för att hålla målvakten osäker.

- **Sök returer:** Skott leder ofta till returer. Var alltid redo att hugga på puckar som studsar ut från målvakten och följ upp ditt eget eller lagkamraters skott.

4. Använd hela isen

En viktig del av ett framgångsrikt anfall är att använda hela isytan. Ju mer ni breddar spelet, desto svårare blir det för motståndarna att försvara sig.

- **Bredda spelet:** Använd hela isen för att sprida ut försvaret och skapa passningsvägar. Spela ut pucken till kanterna och ta er sedan in mot mitten för att skapa farliga lägen, eller ett avslut direkt på ett långt sidledspass.

- **Skapa djup:** Använd hela anfallszonen i djupled, från hörnet upp till försvarare, från försvarare ner i zon eller in på mål för att sprida ut försvaret och skapa passningsvägar.

- **Byt kant:** Om en sida är stängd av motståndarna, vänd snabbt spelet till den andra sidan. Detta tvingar försvararna att flytta sig, vilket skapar nya luckor och möjligheter.

5. Kommunikation och samarbete

Anfallsspelet bygger på bra kommunikation och samspel mellan dig och dina lagkamrater.

- **Prata med varandra:** Ropa om du är fri eller om du vill ha en passning. Bra kommunikation på isen gör det lättare att skapa passningsalternativ och överraska motståndarna.

- **Stötta varandra:** Om en lagkamrat har pucken, var redo att ge dem stöd genom att erbjuda ett

passningsalternativ, platsbyte eller skära in mot
mål för en retur eller styrning.

6. Använd kreativitet

Att vara kreativ och oförutsägbar gör dig till en farligare
anfallare. Värdera dina alternativ snabbt och våga testa nya
sätt att bryta igenom försvaret.

- **Försök överraska:** Spela inte alltid på det
  förväntade sättet. Om alla tror att du ska skjuta,
  överväg att passa istället, eller omvänt, visa tydligt
  att du tänker passa, när du istället skjuter ett
  överraskande skott. Våga också göra oväntade
  rörelser för att skapa oreda i motståndarnas
  försvar.

- **Använd farten:** Utnyttja fart och vändningar för att
  få försvararna ur balans. Finta eller ändra snabbt
  riktning för att skapa tid och utrymme.

Genom att följa dessa principer kan du förbättra ditt
anfallsspel, skapa fler målchanser och bli en farligare
spelare på isen. Lycka till!

Kapitel 15: Lärdomar och Nya Drömmar

Efter en minnesvärd seger i den internationella turneringen, återvände Emmi och hennes lag till hemstaden, där de välkomnades som hjältar. Denna triumf hade inte bara lyft deras laganda utan också cementerat en djupare förståelse av vad det innebär att vara en del av ett team. När efterfestens ljus dämpades och vardagen åter började ta form, fann Emmi tid för eftertanke och reflektion över säsongen som gått.

Ensam i sitt rum, med medaljen från turneringen hängande vid sitt skrivbord, tänkte Emmi tillbaka på säsongens alla utmaningar och triumfer. Hon funderade över de personliga hindren hon hade övervunnit – från att hantera konflikter inom laget till att överkomma sin egen osäkerhet och rädsla för misslyckande. Varje ögonblick på isen hade lärt henne värdefulla livslektioner om mod, uthållighet och ledarskap.

Emmi insåg att hockey för henne handlade om mycket mer än att bara göra mål eller vinna matcher. Det handlade om de vänskapsband som skapats i kylan i ishallen, om glädjen i att dela framgångar och svårigheter, och om att växa inte bara som spelare utan som människa.

För att summera säsongen och för att diskutera framtiden, hade Tomas kallat till ett möte med laget i ishallen. Medan de samlades i omklädningsrummet, där så många av deras planer och strategier hade formats, kunde Emmi inte hålla sig utan delade sina tankar, "Det vi har uppnått är fantastiskt, men jag tror att vi kan göra ännu mer," sade hon entusiastiskt. "Vi har potential att inte bara förbättra våra individuella färdigheter, utan också att stärka vårt samarbete och bli ännu mer samspelade som lag." "Det är precis vad jag känner Emmi", svarade Tomas. "Vad säger ni andra?", frågade Tomas. "Jaaa" vrålade alla i kör.

Tillsammans började de skissa på mål för den kommande säsongen. De pratade om att förbättra fysisk kondition, att fortsätta finslipa och utveckla försvars- och anfallsspelet, och om vikten av mental träning för att stärka deras mentalakraft under matcher. Varje spelare fick tillfälle att uttrycka sina personliga ambitioner och hur dessa kunde integreras i lagets övergripande mål.

Utöver träning och matcher, bestämde sig laget för att öka sitt engagemang i lokalsamhället, för att ytterligare skapa synlighet för hockeyspelande tjejer. Emmi föreslog att de skulle organisera träningsläger för yngre spelare och välgörenhetsevenemang för att ge tillbaka till samhället som stöttat dem. Detta nya initiativ välkomnades av alla, och planeringen började omedelbart.

Dessa aktiviteter, tänkte Emmi, skulle inte bara hjälpa till att främja sporten och inspirera nästa generation av hockeyspelare, utan också stärka lagandan och deras egen lagtillhörighet.

När dagen avslutades och Emmi stod ensam kvar i omklädningsrummet, kände hon en djup tacksamhet. Hon visste att vägen framåt inte skulle vara utan utmaningar, men hon kände sig redo att möta dem med sitt lag vid sin sida. De hade blivit mer än bara ett team; de var en familj, bundna samman av en gemensam passion och drivna av gemensamma drömmar och mål.

Med blicken fast riktad mot framtiden och hjärtat fyllt av nya drömmar, visste Emmi att detta var bara ett steg på vägen. Hockeyn hade gett henne mer än hon någonsin kunnat föreställa sig, och hon var ivrig att se vart denna resa skulle ta henne och hennes lag framöver.

Guide 15: Sätt upp mål och delmål inför säsongen

Att sätta upp mål och delmål är ett bra sätt att hålla motivationen uppe och ge dig själv riktning genom hela säsongen. Här är några steg att följa för att sätta meningsfulla och realistiska mål.

1. Sätt SMART(a)-mål

Ett effektivt sätt att sätta mål är att använda SMART-metoden. Dina mål ska vara:

- **Specifika:** Vad exakt vill du uppnå? Exempel: "Jag vill förbättra min skridskoteknik."

- **Mätbara:** Hur vet du att du når målet? Exempel: "Jag vill förbättra min toppfart på skridskorna med 10 %." Eller "Jag vill klara av teknikbanan under 40 sekunder"

- **Accepterade:** Är målet något som du är motiverad att arbeta mot?

- **Realistiska:** Är målet möjligt att nå under säsongen? Exempel: "Jag vill bli snabbare och mer stabil på skridskorna."

- **Tidsbundna:** När ska du ha nått målet? Exempel: "Jag vill se förbättringar efter 3 månader av träning."

2. Dela upp dina mål i delmål

Stora säsongsmål kan kännas överväldigande. Därför är det bra att dela upp dem i mindre, hanterbara delmål som hjälper dig att hålla fokus och mäta framstegen.

- **Huvudmål:** Exempel: "Jag vill göra fler mål under säsongen."

- **Delmål:**

  - "Träna på snabbare avslut 2 gånger i veckan."

  - "Förbättra min puckkontroll genom extra övningar efter träningen."

  - "Öka min styrka i överkroppen för att kunna skjuta hårdare."

Genom att ha delmål håller du dig på rätt väg och kan fira små framsteg längs vägen.

3. Tänk på både personliga och lagmål

Det är viktigt att tänka på både individuella mål och mål för laget.

- **Individuella mål:** Vad vill du personligen förbättra under säsongen? Det kan vara tekniska färdigheter som skottprecision eller skridskoteknik, eller mentala mål som att bli bättre på att hantera press.

- **Lagmål:** Hur kan du bidra till lagets framgång? Exempel: "Jag vill förbättra min kommunikation på isen för att hjälpa laget att hålla en stark defensiv."

4. Sätt upp kortsiktiga och långsiktiga mål

Ha både mål som du vill uppnå inom de första veckorna av säsongen (kortsiktiga) och större mål som sträcker sig över hela säsongen (långsiktiga).

- **Kortsiktiga mål:** "Jag vill förbättra min uthållighet under de första två månaderna."
- **Långsiktiga mål:** "Jag vill bli en nyckelspelare i powerplay vid slutet av säsongen."

5. Utvärdera och justera under säsongen

Det är viktigt att regelbundet utvärdera dina framsteg och justera dina mål om det behövs. En skada eller ändrade förutsättningar kan påverka dina planer, och det är helt okej att justera målen för att hålla dem relevanta och realistiska.

- **Hur du gör:** Titta tillbaka på dina mål varje månad eller kvartal och utvärdera hur det går. Om du ligger efter, fundera på vad du kan förändra. Om du har uppnått ett delmål, sätt upp ett nytt för att hålla utvecklingen igång.

Genom att sätta tydliga mål och delmål inför säsongen, och regelbundet utvärdera dem, håller du fokus och motivationen uppe och maximerar dina chanser att utvecklas som spelare.

Slutsummering: Fortsätt träna och utvecklas

Nu när du har kommit så här långt i boken, har du förutom en förhoppningsvis spännande hockeyberättelse, fått mängder av värdefulla träningstips och verktyg för att förbättra ditt spel, både på och utanför isen. Men kom ihåg att utveckling inte sker över en natt – det är den kontinuerliga ansträngningen, viljan att lära sig och att aldrig ge upp som gör att du blir en bättre spelare.

Varje träningspass, varje match och varje utmaning är ett steg på vägen mot att bli en starkare och smartare hockeyspelare. Ibland kommer det att vara tufft, och ibland kommer du att känna att framstegen går långsamt, men kom ihåg att varje litet steg framåt är en seger. Det viktigaste är att du fortsätter träna och sträva mot dina mål.

Tänk på att de bästa spelarna alltid letar efter sätt att utvecklas, och det finns alltid något nytt att lära sig. Oavsett om det handlar om att finslipa din teknik, bli starkare mentalt eller förbättra ditt samarbete med laget – du har förmågan att fortsätta utvecklas. Och glöm inte att det viktigaste av allt är att ha roligt! Hockey ska vara ett spel där du får känna glädje, gemenskap och spänning varje gång du kliver ut på isen.

Så snöra på dig skridskorna, greppa klubban och fortsätt träna. Oavsett var din resa tar dig, kom ihåg att framsteg byggs med varje träning och varje ansträngning. Du har alla möjligheter att bli en fantastisk spelare – det gäller bara att fortsätta jobba för det.

Nu är det upp till dig att ta nästa steg. Fortsätt kämpa, fortsätt träna och framför allt – njut av spelet!

Andra hockeyböcker

Du hittar hockeyböckerna i online bokaffärer

Puck, Passion och prestation – Den stora hockeyturneringen

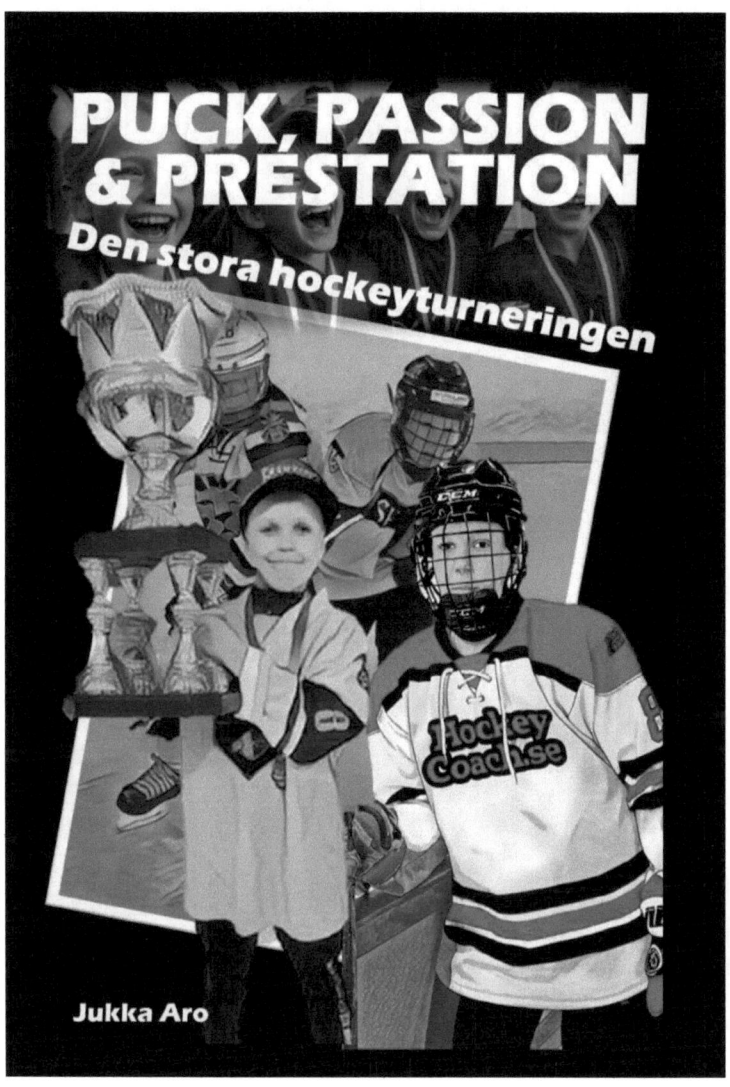

Träna Hockey Hemma

Hockeyövningar för barn

Färdiga hockeyträningar för de yngre

Sociala medier

Sociala medier:

Du hittar fler träningstips och övningar om du följer Hockeycoach.se

Instagram

HOCKEYCOACHSE

TikTok
HockeyCoachSE